맹렬 서생(猛烈 書生) 노상추(盧尙樞)의
눈물 나는 과거 합격기

제1권 청년 가장
1763년 계미년(癸未年) - 1764년 갑신년(甲申年)

영·정조 시대
양반가 청년 선비의
일상을 들여다보다

    노상추는 1746년 영조 22년에 경상북도 선산의 양반 안강 노씨 집안에서 태어나 무과 시험에 급제하고 무관으로 활동했던 선비였습니다. 그는 열일곱 살 때부터 여든네 살 사망하기 이틀 전까지 무려 67년 동안 일기를 썼는데 그중 53년의 일기가 현재까지 전해져 그 원본이 국사편찬위원회에 보관되어 있고 국사편찬위원회 홈페이지에서 전문을 읽을 수 있습니다.

    노상추의 집안은 대대로 일기를 써서 그의 할아버지 노계정, 그의 아버지 노철, 그리고 노상추에 이르기까지 3대에 걸친 100년간의 기록이 현재까지 전해지고 있습니다. 조선왕조실록이나 승정원일기에서 볼 수 있듯 조선 왕조는 글을 숭상했고 기록 전통을 지켜왔습니다. 하지만 국가가 아닌 한 가문에서 수 대에 걸쳐 주변의 일을 기록하고 보존했다는 것은 매우 이례적이라 하겠습니다.

    초중고를 거치며 역사를 배웠고 티비 드라마, 영화, 전래동화를 통해 우리는 조선 시대에 대해 잘 안다고 생각합니다. 하지만 우리가 아는 것은 실록의 정치적 사건, 장르화된 현대판 사극, 전래동화 같은 이야기라 실제 과거에 살았던 보통 사람들의 일상생활과는 거리가 있습니다. 노상추의 일기를 들여다보면 우리가 이제까지 몰랐던 재미난, 놀라운, 혹은 처절한 사연들이 풍부하게 담겨 있습니다. 이 글은 그의 일기를 현대적인 이야기로 구성한 것으로 등장인물은 모두 실제 인물들이고 주요 사건들도 모두 일기에 기반하고 있습니다.

양반집 자제라고 하면 얼핏 음풍농월(吟風弄月)하며 책장이나 넘기고 살았을 것 같지만 실제 그의 삶은 인간으로서 감당하기 힘든 극한적 시련의 연속이었습니다. 노상추는 다산 정약용이나 퇴계 이황 같은 역사적 스타는 아닐지 몰라도, 삶에 임하는 맹렬한 자세만큼은 이순신 장군 못지않은 것 같습니다. 그것은 비단 노상추뿐만 아니라 기록되지 못하고 사라져간 수많은 조선의 백성들도 마찬가지일 것입니다.

1763년 17세의 청년 선비 노상추는 혹독하고도 엄중한 도전과제에 직면합니다. 그가 그토록 힘들고 어려운 과제를 어떻게 풀어나가는지 그의 일상으로 함께 들어가 봅시다.

감수자의 말

  정형화된 역사 공부는 그 시대 사람들의 다양한 삶과 특이성이 배제될 수 있고 대중들이 식상할 수도 있다. 이젠 역사도 실감 나게 보고 듣는 다양성이 추구된다.
  『맹렬 서생(猛烈 書生) 노상추(盧尙樞)의 눈물 나는 과거 합격기』는 『노상추일기』를 근간으로 한 소설이라 하지만 실제 일기 속에 나오는 그 당시의 한 사람, 한 사람의 삶을 담은 이야기이다. 역사는 사람 사는 이야기이다. 이 책은 그냥 재미있게 읽으면 그 속에 그 시대의 삶이 보인다. 과거 급제 이후의 벼슬살이와 자식과 손자들이 장성하고 가문의 원로로서 숱한 에피소드가 있는 속편을 기대한다. 그리고 이 책의 독자들이 좀 더 심도 있는 역사 이야기 속으로 들어가는 작은 동기 되기를 기대한다.

경주 (안강)노씨대종회 회장 **노 용 순**

노상추(盧尙樞) 연혁

본관: 안강 (安康)
자: 용겸 (用謙)
호: 서산와 (西山窩)

1746년	1771년	1777년	1778년	1779년
경상북도 선산 출생	2월 무과 정시, 초시 불합격 (25세)	8월 무과 식년시, 초시 합격, 복시 불합격	7월 무과 알성시, 초시 불합격	9월 무과 식년시 초시 합격
	10월 무과 정시, 초시 불합격		8월 무과 정시, 초시 불합격	

1792년	1793년	1798년	1800년	1805년
당상선전관	삭주부사 (朔州府使)	선전관	홍주영장 (洪州營將)	강화중군

1780년	1784년	1787년	1789년	1791년
2월 무과 식년시 복시 합격	무신 겸 선전관 임용 (38세)	진동권관 (鎭東權管)	훈련원주부	오위장
3월 무과 식년시 급제 (34세)				

1811년	1825년	1829년	1851년
가덕첨사 (加德僉使) (65세)	가선대부, 중추부동지사 제수 (79세)	사망 (83세)	병조참판, 의정부동지사, 훈련원도정에 추증

노상추의 가족

─── 할아버지 노계정 (盧啓禎, 1695년~1755년)

　노상추의 할아버지 노계정은 노상추가 10살 무렵 세상을 떠나 그가 일기를 쓸 당시에는 타계한 상태였습니다. 노계정이 젊은 시절 안강 노씨 가문이 쇠락하여 살림이 어렵고 문과로 급제하기 어려워지자 "가난이 심하여 버틸 수가 없다."며 문과 시험을 포기하고 무과에 응시해서 서른 살에 급제합니다. 급제한 후에도 과거 당쟁으로 처형을 당한 이력이 있는 가문의 후손이라는 이유로 7년 동안 관직에 등용되지 못합니다. 그러나 좌절하지 않고 병법을 익히고 독서로 자신을 연마하며 세월을 기다리다가 서른일곱 살에 극적으로 관운이 열려 수문장이 되었고 그 이후로는 많은 공을 세워 박천군수, 전라우수사, 창성부사를 거쳐 경상좌도 병마절도사까지 오릅니다. 노계정의 성공으로 노상추는 유복한 환경에서 자랐고 할아버지를 존경하고 할아버지처럼 되기 위해 노력합니다.

─── 아버지 노철 (盧哲, 1721년~1772년)

　노상추의 아버지 노철은 어린 시절 손이 끊어진 친척의 양자로 보내졌다가 노계정의 두 아들이 모두 사망하자 파양하고 다시 집으로 돌아와 아버지의 뒤를 이어 집안의 가장 역할을 맡습니다. 원래 과거에 응시하려 했지만, 몸이 약한 어머니, 관직 생활로 항상 집을 비우시는 아버지로 인해 포기하고 집안을 돌보고 아버지의 일을 돕습니다. 첫 번째 결혼은 16세에 완산 최씨와 하여 첫아들 노상식을 낳지만 완산 최씨는 아들을 낳은 지 20일 만에 사망합니다. 노상추는 아버지 노철이 20세에 운곡에 사는 풍양 조씨와 재혼하여 낳은 아들입니다. 일기에서 노철은 장남이 사망하자 상심한 나머지 삶의 의욕을 잃고 노상추에게 가장 직을 물려준 후 유람을 다니며 소일합니다.

─── 큰형 노상식 (盧尙植 1739년~1762년)

노상추의 일기는 큰형 노상식이 사망한 충격으로 고통스러워하는 시기부터 시작합니다. 노상식은 아버지의 큰 기대 속에 자라며 조부가 세상을 뜬 이후로 아버지를 대신해 집안의 가장 노릇을 하고 과거에도 응시합니다. 14세에 결혼했고 23세에 두 아들과 아내를 두고 사망합니다.

─── 어머니 풍양 조씨

노상추의 생모 풍양 조씨는 노철의 두 번째 아내로 노상추, 노상근, 딸을 낳습니다. 조선 후기에 풍양 조씨는 명문 가문이었고 일기에 나오는 어머니의 고향 운곡은 지금도 풍양 조씨의 집성촌으로 남아있습니다.

─── 아내 월성 손씨

노상추가 16세에 결혼한 아내로 장부같이 대범하면서도 가족에게 세심하게 마음을 쓰는 여성이었습니다.

─── 동생 노상근 (盧尙根 1753년~1809년)

일기에는 와복이라는 이름으로 나오는데 노상추의 친동생입니다.

─── 여동생 (이야기에서의 이름, 효명)

일기 원문과 족보에 여동생이 나오지만 이름은 나오지 않습니다. 이후 안동 하회의 명문가 서애 류씨 집안의 선비 류항조와 결혼합니다.

──── 형수 성산 여씨

노상추의 형수로 죽은 큰형의 아내입니다. 큰형이 사망했을 당시 스물다섯 살로 두 아들을 기르며 노상추 집안에서 살아갑니다.

──── 노정엽, 노용엽

일기에 술증이, 희증이로 나오는 두 조카는 집안의 종손으로 노상추는 이들의 아버지 노릇을 하며 글을 가르칠 정도로 애정을 쏟습니다.

차례

1. 용겸 用謙　　　　　　　　13

2. 운곡의 약속　　　　　　　22

3. 항산 恒産　　　　　　　　35

4. 남은 힘으로 글을 배운다　50

5. 호환 虎患　　　　　　　　68

6. 어머니, 어머니　　　　　　89

7. 적자와 서자　　　　　　　103

8. 마침내 득남　　　　　　　124

노상추와 친인척 주거지 및 활동반경

1872년 지방도
[출처] 서울대학교 규장각한국학연구원

1. 용겸 用謙

1763년 · 계미년 · 영조 39년 · 1월 · 17세

계미년 정월 열하룻날이다. 막 인시(寅時)[1]가 됐을 무렵 노상추는 여느 때와 같이 눈을 떴다. 밖은 캄캄하고 괴괴했지만, 노상추는 지체 없이 자리에서 일어났다. 밖에서 옥단이가 세숫물을 갖다 놓는 소리가 들렸다. 노상추는 밖으로 나가 세수를 하고 방으로 들어와 불을 켜고 문갑 서랍을 열어 빗을 꺼냈다. 그는 빠른 손놀림으로 머리를 빗어 올려 상투를 단정하게 틀었다. 그의 손은 주로 붓으로 글을 쓰고 책장을 넘기는 데 쓰는지라 새색시 손처럼 곱지만, 머리카락을 다 뽑을 듯 쓸어 올려 상투를 틀고 이마가 터질 듯 당줄을 잡아당겨 망건을 단단하게 고정시킬 때는 선산의 양반 안강 노씨 집안의 가장으로서의 자존심이 가득했다. 아내는 어느새 일어나 이제 손질해 두었던 남편의 저고리와 바지를 대령했다. 헌헌장부라고 하기엔 몸집이 왜소했으나 다부진 체구에 몸놀림이 날쌨다. 그는 마지막으로 유건을 쓰고 옷깃을 매만졌다. 그리고 다시 한번 자신의 옷매무새를 훑어봤는데 그 눈길이 매섭다. 그

---

[1] 인시: 새벽 3시 – 5시

의 눈은 가늘지만 길고 눈꼬리는 치켜 올라가 있어 하늘을 찌를 듯한 기상이 서려 있었고 단호하게 각져 있는 턱은 한번 물면 절대 놓지 않는 근성으로 가득 차 있었다.

 방문을 열고 밖으로 나가 상쾌한 공기를 들이마셨다. 노상추는 별채에서 안채 마당을 건너 아버지가 계시는 초당채로 갔다. 안채에는 안방에 어머니와 여동생이 자고 있었고 건넌방에는 스물여덟의 나이에 청상과부가 된 형수와 다섯 살, 세 살의 두 조카가 자고 있었다. 어머님은 아직 주무시는 듯해서 문안 올리지 않고 초당채로 갔다. 초당채에 가니 아버지께서 불은 켜지 않았지만 일어나 계셨다. 노상추는 초당채 밖에서 아버지께 간단히 문안을 드렸다.

 "아버님, 밤새 잘 주무셨습니꺼?"
 "그래. 너도 잘 잤드나?"
 "예."
 "그래, 그럼 가 보그라."

 역시 아버지의 목소리엔 힘이 없다. 며칠 있으면 큰형의 소상[2] 이 다가오기 때문이다. 작년 이맘때에 스물세 살 큰형이 세상을 떠났다. 위풍당당했던 아버지가 사랑채에서 나와 작고 옹색한 초당채로 들어가신 건 큰형이 세상을 떠난 직후였다. 아버지는 결혼한 지 얼마 되지 않아 첫 아내를 잃는 큰 아픔을 겪으셨기 때문인지 큰형에게 더욱 애정을 쏟으셨다. 아버지는 평생 과거에 응시하지 않으셨지만 큰형에게는 과거에 합격해서 가문를 일으키고, 병마절도사 자리에까지 오르신 할아버지의 명망에 누가 되지 않도록 각고의 노력을 해야 한다고 말씀하셨다. 어느 집이나 그렇지 않겠냐마는 아버지가 큰형에게 쏟는 정성은 유난했다. 하지만 정성이 너무 과해 하늘의 노여움을 탄 것인지 정성

---

2) 소상: 죽은 지 첫해에 지내는 제사

이 부족해 하늘을 감동하게 하지 못한 것인지 큰형은 덧없이 세상을 떠나고 말았다. 노상추는 새벽녘의 찬 공기를 깊이 들이마셨다. 원통하고 원통했던 큰형의 죽음. 형이 더 이상 이 집에 없다는 사실이 다시 노상추의 온몸을 옥죄어 왔다. 노상추는 안채를 바라봤다.

'형, 도대체 우짤라고 이렇게 빨리 떠난 기요? 아버지는 우짜고, 낸 우짜고 형수랑 아이들은 또 우짜란 말이오?'

노상추는 아비를 잃은 두 아이와 남편을 잃은 가련한 형수의 방을 바라보며 두 눈에 눈물이 솟구쳤지만 이내 이를 악물었다.

'형, 아니요. 내가 반드시 이 가문을 일으키고야 말끼요. 두 조카 내가 남보란 듯이 잘 키워 과거에도 합격시키겠소. 아버지께서 상심하시어 비록 이 집 모든 대소사를 내게 맡기시고 초당채로 물러나 계시지만 다시 기력을 회복하시지 않겠소. 그리고 우리 집안은 내가 옛날 우리 조상님들이 이루셨던 영광을 다시금 회복할끼요. 형님, 하늘에서 우릴 지켜주소. 난 꼭 그렇게 할끼요.'

뜻하지 않게 나이 열일곱에 집안을 책임지게 된 노상추는 뒷마당에 있는 사당에 올라가 조상님들께 기도를 올리며 다시금 다짐했다. 과거에 반드시 합격해서 가문을 다시 일으키고 아버지와 큰형을 대신해 집안의 가장으로 소임을 다 할 것이라고. 노상추의 나이 이제 열일곱, 위로는 아버지, 어머니, 아래로는 아내와 형수, 두 조카, 그리고 남동생 완복과 여동생 효명이를 책임지는 가장이다. 노비 열 명을 거느리고 논농사와 밭농사를 지어 가족을 먹여 살려야 하며 관혼상제 같은 온갖 집안 대소사를 꾸려나가야 한다. 노상추는 작년에 아버지가 집안일을 모두 넘겨줬을 때 담담하게 그 책임을 받아들였다.

노상추는 여종들이 안채 부엌에서 아궁이에 불을 때며 아침 식사를 준비하는 것을 보고 밤새 집안에 별일은 없었는지 곳간, 마구간까지 두루두루 살핀 후 사랑채 안방으로 들어갔다. 사랑채 안방에는 아버지께서 쓰시던 서책들, 벼루, 먹, 종이 등이 정돈되어 있다. 노상추는 어제 쓴 일기를 다시 한번 읽어보았다. 배운 대로 일기는 일 년 단위로 묶어서 관리하고 월 단위로 표시를 하며 매일 일자는 앞에 띄워서 어느 날 무엇을 했는지 일목요연하게 보이도록 기록했다. 아버지는 일기에 날씨와 안팎에서 일어나는 대소사, 집안에 드나들었던 사람들, 농사일 상황, 들어오고 나가는 물자들에 대해 정확히 기록해야 한다고 강조하셨다. 가장은 집안을 경영하는 데 있어 매일 일어난 일에 대해 정확한 기록을 남겨 이를 바탕으로 향후 집 안팎에서 일어날지 모르는 각종 사건의 시시비비를 가려야 하며 남에게 도움을 받았다면 반드시 갚아주고 남에게 피해를 보았다면 정확히 받아내어 다시는 그런 일이 다시 발생하지 않도록 해야 한다고 하셨다. 노상추 가문은 명망 있는 선비 집안으로 사랑채 서고는 선대에서 내려오는 일기로 차 있다. 노상추는 그 일기만 봐도 삶을 대하는 조상님들의 엄정한 마음가짐을 느낄 수 있었고 가문의 전통을 잇는 종손으로서 뜨거운 무언가를 느꼈다. 이제 일기를 쓴 지 일 년이 조금 넘었다. 어제 쓴 일기를 다시 읽어보고 덮은 후 새벽 공부를 시작했다. 오늘은 공부에 대한 각오를 다지기 위해 논어를 폈다. 노상추는 해가 뜨기까지 논어 제1편을 소리내어 읽고 외웠다.

"子曰, 學而時習之, 不亦說呼. 有朋自遠方來, 不亦樂呼. 人不知而不慍, 不亦君子呼 (자왈, 학이시습지, 불역열호. 유붕자원방래, 불역락호. 인불지이불온, 불역군자호)."

노상추는 깊은 숨을 들이마신 후 낮게 읊조렸다.

"공자께서 말씀하시길 배우고 때때로 익히면 어찌 기쁘지 아니한가. 벗이 있어 멀리서 찾아오니 어찌 즐겁지 아니한가. 사람들이 알아주지 않아도 섭섭해하지 않으니 어찌 군자가 아니랴."

그 구절을 외우려고 눈을 감았다. 배우고 때때로 익히면 기뻐야하는데 왜 배우고 익히는 것이 이렇게 고되고 힘든 걸까? 배우고 익히면 배우고 익히면, 배우고…….

 그런데 그때 갑자기 대낮같이 환해지더니 방문이 활짝 열리고 판서 김화진 대감이 들어오셨다. 노상추는 이게 무슨 일인가 싶어서 후닥닥 일어나 대감에게 절을 했다.

 '대감님, 책을 읽고 있던 터라 오시는 소리를 듣지 못했으니 용서해 주시소…….'

 대감께서는 노상추를 보며 인자한 목소리로 말했다.

 '키가 한 치만 더 컸더라면 대장이 될 감인데 아깝도다.'

 '예? 저는 문과를 준비하고 있사온데, 대감께서도 아시는 줄…….'

 '한 치가 부족해 절도사[3]에 그치겠구나.'

 '절도사는 무관인지라 저는 문관을…….'

 '자를 용겸으로 하여라.'

 '용겸이라 하심은……. 용겸!'

 그 말을 듣는 순간 벌떡 일어났더니 서안[4] 위에는 논어가 펼쳐져 있었다. 꿈이었다. 노상추는 숨을 가다듬으며 꿈에 대해 가만히 생각했다.

 "키가 한 치만 더 컸더라면 대장이 될 감이라고? 한 치가 부족해서 절도사에 그친다면 문관이 아니라 무관이 된다는 뜻인가? 어허!"

 노상추는 옆에 쌓인 사서오경 책들을 가만 보았다. 아버지께서 십 년 전에 하신 말씀이 생각났다.

 "우리 가문은 문관으로 나아가기가 어렵다. 갑술년에 화를 당한 후[5], 우리 가문은 일체 관직에 오르지 못하게 돼가아 그 이후로는 우리 가문에서 대과에 급제한 조상이 없으신 기라. 다만 네 조부께서 이에 굴하지 않으시고 무관으로 과거에 합격하신 후 뼈를 깎는 노력으로 관

---

3) 절도사: 조선시대 각 도에서 군사 지휘권을 가진 종2품 무관 관직

4) 서안: 책을 올려놓고 공부하던 좌식 책상

5) 갑술환국: 1694년 숙종 20년 서인이 남인을 몰아내고 정권을 장악한 사건

직이 병마절도사에 이르셨데이. 나는 비록 집안을 돌보느라 벼슬길에 오르지 못했으니 너희 대에서는 꼭 과거에 합격해서 조정에 나아가야 우리 집안이 양반가 명맥을 이어갈 수 있데이. 상식이 니는 이제 혼인도 안 하나. 니는 우리 가문을 이끌어 가는 종손이고 이제 곧 네 밑으로 자식을 두는 가장이다. 종손으로서 가족을 부양하는 일에 온 힘을 다하고 할아버지의 뒤를 이어 열심히 공부해가아 반드시 대과에 급제하도록 해래이."

십 년 전 아버지께서는 첫째인 수복(노상식) 형, 둘째 금복 형, 셋째인 흥복(노상추)을 불러놓고 말씀하셨다. 그때는 너무 어려서 그 말씀이 뭔지 잘 몰랐다. 하지만 당시 14세였던 큰형이 씩씩하고 늠름하게 대답한 것을 기억한다.

"소자, 아버님의 뜻을 받들겠습니더."

큰형은 우리 집의 중심이었다. 아버지께서는 할아버지 일 다음으로 큰형 일에 온 정성을 쏟으셨다. 큰형의 혼행에 할아버지와 아버지는 하인을 17명이나 거느리시고 성대하게 행차하셨다. 형은 총명하고 뜻이 높아 어릴 적부터 열심히 공부해서 소학도 일찍 떼었고 13세부터는 대학을 읽었다. 아버지는 큰형이 우리 가문이 다시 일으킬 거라고 굳게 믿으시고 혼인 후에는 형에게 가장자리를 물려주셨다. 형은 아버지를 대신해서 영당의 유사도 맡고 집안의 대소사를 처리했다. 그런데 형은 스무 살에 초시를 떨어지고 나서 공부를 멀리하더니 갑자기 고남의 활터에서 활을 열심히 쏘기 시작했다. 아버지께서는 저러다 마음을 잡고 다시 공부를 하겠지 하셨지만 큰형의 마음은 돌아오지 않았다. 어느 날 어린 노상추는 사랑채에서 아버지와 큰형이 말하는 것을 들은 적이 있다.

"사내대장부가 한번 칼을 뺐으면 끝을 보아야 겨우 초시 한 번 떨어진 것으로 그렇게 마음을 잡지 못해서야 되나?"

"아버님, 저는 무관의 길을 가고 싶습니다. 저는 타고난 기량이 부족하여 문과에 급제하기는 어렵습니다."

"몇 년이나 공부했다꼬 타고난 기량을 운운하노? 넌 아직 어리다. 대과에 급제하기까지 보통 십 년의 세월이 걸리고 길면 이십 년 삼십 년 걸린다. 힘든 길인만큼 더욱 노력하고 인내해야 된데이."

그 이후 큰형과 아버지 사이는 조금씩 벌어졌던 것 같다. 아버지께서는 여러모로 실망하신 것 같았지만 큰형에게 더 이상 이래라저래라 하지는 않으셨다. 그러다 둘째인 금복이 형이 열일곱 살에 혼사를 앞두고 세상을 떠났고 사 년 후 큰형도 처자식을 두고 부모를 앞서고야 말았다. 큰형이 세상을 뜨는 날부터 아버지는 다른 사람이 된 것 같았다. 그렇게 열심히 돌보던 집안일도 노상추에게 다 맡겨버리고 사랑채에서 나와 초당채에서 은거하시며 혼자가 되셨다. 아버지의 관심 밖에서 자유롭게 지내던 노상추는 하루아침에 형을 대신해 이 집의 주인 노릇을 해야 했고 형이 못다 이룬 대과 급제라는 지상과제를 떠안게 됐다.

안강 노씨라는 가문의 배경은 노상추에게 출셋길을 약속해 주기보다 관직 금지령인 금고[6]를 받은 바 있는 가문으로 큰 걸림돌이 될 따름이었다. 또한 영남 지역의 남인 선비들은 뛰어난 실력을 갖추고 있어도 지역적으로 한양과 멀고 정치적 세가 약해 조정에서 소외당하고 있다. 노상추는 열심히 노력해서 좋은 성적을 거둬도 등용되기가 어려운 것이 현실이지만 자신에게 둘러쳐진 높은 벽을 반드시 뛰어넘고야 말겠다는 의지를 다졌다. 젊어서 세상을 뜬 두 형들을 위해서, 그리고 슬픔으로 세상으로부터 숨어버린 아버지를 위해서. 하지만 서당의 공부를 마치고 금오서원 거접[7]에 들어가서 거기에 모인 유생들과 공부하면서 노상추는 벽이 얼마나 높은지 실감하였다. 서원에 모인 유생들은

---

6) 금고(禁錮): 죄과가 있어 벼슬에 쓰지 못하게 함.

7) 거접(居接): 과거 준비를 위해 글방이나 절에 모여 함께 공부하는 것.

서당에서 만난 친구들과는 차원이 달랐다. 선산과 구미 멀리 함창 상주 일대에서 공부에 뜻을 세운 선비들이 모인 만큼 수준이 높았다. 그들이 사서오경을 손바닥 들여다보듯 하고 사서오경[8]의 각 구절에 대해 깊이 있게 논술하는 것을 볼 때면 기가 죽었다. 일단 노상추는 사서오경을 통달한 수준까지는 미치지 못해 매일 새벽에 일어나 열심히 외우고 있었다. 과연 문과 시험에 응시할 수 있을까? 소과[9]도 통과하기가 하늘에 별따기인데 대과[10]까지 갈 수 있을까? 노상추는 마음이 항상 초조했다. 큰소리는 쳐놨지만 실력이 좀처럼 따라주지 않았다. 그런데 꿈에 대감께서 내가 절도사에 이른다 하시지 않았던가. 그럼 내가 무관이 된단 말인가?

"어허!"

그때 노상추의 마음에는 용겸이라는 단어가 생생하게 떠올랐다. 이름을 용겸으로 하라니! 용겸, 용겸이 무슨 뜻이었더라! 그렇다! 용겸은 주역에 나오는 말이다. 노상추는 주역을 서안 위에 펼쳤다. 용겸, 용겸, 용겸! 용겸(用謙)은 주역 제15장 지산겸(地山謙) 괘에 나오는 말이다.

'謙亨(겸형)이면 君子有終(군자유종)이라.'
'겸손하면 형통하리니 군자는 유종의 미를 거두리라.'

이 말은 무슨 뜻인가? 겸손하게 나아가면 형통하고 유종의 미를 거둔다! 노상추는 벌떡 일어섰다. 그렇다. 노력하면 결실을 맺는다는 뜻 아닌가. 그렇다면 과거 준비를 함에 있어 결실함이 있을 것이란 뜻이로구

---

8) 사서오경: 중국 유가 경전의 총칭. 논어, 맹자, 대학, 중용 – 사서, 시경, 서경, 역경, 예기, 춘추 – 오경
9) 소과: 과거 시험에서 문과의 1차 시험으로 합격 시 생원, 혹은 진사 자격을 얻음.
10) 대과: 과거 시험에서 문과의 2차 시험으로 합격 시 관료로 진출.

나. 노상추는 사랑방 문을 활짝 펼쳤다. 멀리 동이 트고 있었다. 노비들은 소죽을 끓이랴, 말의 여물을 주랴 벌써부터 바삐 움직이고 있었다. 노상추는 하늘을 향해 두 손을 불끈 쥐었다. 그리고 큰 소리로 웃었다.

"으하하하하……."

"에구머니!"

밥상을 들고 초당채로 가던 위단이가 놀라 종지를 떨어뜨릴 뻔했다. 아버님께서 초당채의 문을 여시고 노상추를 쳐다보셨다. 노상추는 초당으로 가 아버님 앞에 상을 놔드리고 수저를 가지런히 챙겨드렸다. 아버님은 수저를 드시고 식사하시면서 노상추의 싱글벙글하는 얼굴을 바라보셨다. 아버지는 미미한 웃음을 지으시며 말씀하셨다.

"니도 그만 사랑으로 가서 아침을 먹도록 해라."

노상추는 형이 떠난 지 일 년 만에 처음으로 기분이 좋아 마음껏 웃었다. 아침상을 사랑채로 안채로 나르는 여비들의 움직임이 활기차 보였고 여동생과 아내, 형수, 어머님은 안채에 모여 조카들과 아침상을 맞으려 하고 있었다. 동생 완복은 사랑채에서 노상추와 아침상을 받았다. 완복이 형을 보며 말했다.

"행님, 무슨 좋은 꿈이라도 꿨십니꺼?"

"그래. 좋은 꿈 꿨다."

"잘됐네예. 올해에는 우리 집에서도 웃을 일이 많이 생겼으면 좋겠심더."

"말이라카나. 이제 하늘에 계신 형님이 애를 써주셔 가아 우리 집에도 좋은 일이 마이 생길 끼다. 이제부터 니도 활짝 웃고 살아라. 오늘부터 내 자는 용겸이다, 용겸!"

2. 운곡의 약속

1763년 · 계미년 · 영조 39년 · 1–3월 · 17세

"子曰 事父母 幾諫 見志不從 又敬不違 勞而不怨 (자왈 사부모 기간 견지부종 우경불위 노이불원)."

계미년 정월 스무아흐렛날 새벽 노상추는 사랑채에서 논어를 외우고 있었다.

"부모를 모시는 데 있어 부드럽게 간해야 하니 자기 뜻이 부모를 따르지 않음을 드러내면서도 부모를 공경하여 어기지 않고 힘들더라도 원망하지 않는다."

공자의 가르침을 새기면서 노상추는 이를 실천하며 사는 진정한 군자가 되겠다고 다짐한다. 나이를 한 살씩 먹어갈수록 부모님과 다른 견해를 가지게 되지만 마음과 뜻을 다하여 부모님을 섬기고 효를 실천해야 한다. 형의 소상을 며칠 앞두고 아버지는 별안간 검쇠를 대동하고 삼척에 가신다면서 집을 떠나셨다. 검쇠가 끄는 말에 올라타고 길을 나서시는 아버지의 힘없는 어깨를 보며 아버지의 마음이 얼마나 약해져 있는지 알았다. 아버지는 큰형의 제사를 지내고 싶지 않으셨다.

작년 큰형의 장례식에도 아버지는 방에서 나오시지 않았다. 그 모든 일은 어머니와 노상추가 이렇게 저렇게 해치웠다. 일 년이 지났지만 형의 빈자리는 그대로 남아있고 상처도 그대로다. 노상추는 아버지가 삼척에 가야겠다고 갑자기 들뜬 목소리로 말씀하셨을 때 잘 다녀오시라고 했다. 아버지의 괴로운 심정을 잘 알기에 아버지가 피할 수 있게 해드리고 싶었다.

큰형의 첫 기일에 노상추는 짐짓 의연한 척하느라 힘들었다. 마음 같아서는 그대로 땅에 엎으려 통곡이라도 하고 싶었지만, 자신은 집안을 책임지는 종손으로 그럴 수는 없었다. 그날은 종일 비가 내려 문상객들도 비 때문에 그다음 날까지 떠나지 못했다. 형의 소상을 지낸 후 온 가족은 감기에 걸려 고생을 했다. 노상추도 온몸이 아프고 열이 나 몇 날 며칠 잘 거동하지 못했다. 아버지는 형의 기일이 지난 지 열흘째 되던 날, 마치 아무 일도 없었다는 듯 밝은 얼굴로 돌아오셨다.

"아버지, 잘 다녀오셨습니꺼?"

아버지는 말에서 내리시자마자 힘찬 발걸음으로 집 안으로 들어오셔서 사랑으로 드셨다. 아버지가 웬일로 사랑으로 드시는 걸까 궁금했는데 갑자기 뒤를 돌아보시며 말씀하셨다.

"지금 모두 사랑채로 따라오니라."

"예?"

"내 할 말이 있다."

아버지를 맞이하려 마당에 모여있던 식구들은 모두 사랑채로 들었나. 노상추는 아식 감기가 다 낫지 않아 콧물을 훌쩍이며 무슨 일로 부르시는 걸까 궁금해했다.

"아니, 먼일이길래 이렇게 모이라 카십니꺼? 마, 좋은 일이라도 있능가배요."

어머니가 싱글벙글한 아버지께 말했다.

"우리 운곡[11]에 가서 사는 것이 우떻노?"

그 말을 하자 온 식구들은 모두 눈만 껌뻑이며 무슨 소린지 이해하지 못했다. 제일 먼저 어머님이 입을 떼셨다.

"운곡이라면 제 친정 있는데 말씀이십니꺼?"

"구우래. 내는 어릴 적에 내 여동생캉 크면 같은 동네에 살기로 약속했었다. 내 여러 번 자네한테 말하지 안했드나."

"그거사 그냥 하는 말이겠거니 했지예. 이사가 보통 일입니꺼? 세간 살림살이를 죄다 끌어다 운곡까지 실어 날라야 하다이, 영감, 생각만 해도 머리가 찌끈거립니더."

"너무 그렇게 어렵게 생각하지 마래이. 운곡은 자네 친정 아이가. 장모님이나 친정 식구들과 한동네에 지내면 자네도 얼마나 마음이 든든하겠나. 내도 여동생 가까이 살면 덜 적적하지 싶다."

"아버지, 그러면 이사 갈 집은 있습니꺼?"

여동생이 물었다.

"하모, 사돈어른이 쓰시던 집인데 지금 비어있다. 스물일곱 칸 기와집이다."

"그럼, 우리 집이랑 비슷하겠네요."

"그래. 이 집보다 낫다. 거기 가면 친척들도 더 마이 있고 왕래도 마이 하면 우리 집이 좀 더 시끌벅적해지지 안 하겠나?"

"영감 그 집은 오래된 집이라 뜯어내고 고치고 해야 할 게 많을 기이요. 그 일은 언제 다하겠습니꺼?"

"머슴들은 뒀다 우데 쓰노? 필요하면 사람 써서 하면 되지."

아무리 타일러도 형수와 여동생, 어머니는 별로 탐탁지 않은 얼굴이었다. 어머니는 이 모든 식구를 데리고 이 많은 살림살이들을 언제 다

---

11) 운곡: 지금의 경상북도 상주시 낙동면 승곡리의 풍양 조씨 세거지이다. 갈가실, 구두실로도 불린다.

실어 나르겠냐, 새로 살 집을 얼마나 수리해야겠냐 하시며 막막해하셨다. 형수도 자신 없는 표정이었고 여동생은 낯선 동네로 이사 가기 싫다는 얼굴이었다.

"상추야, 우떻노?"

아버지가 물으셨다. 상추는 아버지가 왜 이사를 하고 싶어 하시는지 잘 안다. 아버지는 이 집에서 일어난 일들을 잊고 싶다. 큰형도 잊고 싶고 그 전에 죽은 둘째 형도 잊고 싶고 그 전에 돌아가신 첫 아내, 큰형의 생모이신 큰어머니도 잊고 싶으신 거다. 아버지는 새로 태어나고 싶으신 거다.

"좋습니다. 선산보다 운곡이 낫다고 봅니더."

"그래, 역시 맏이가 다르다."

아버지는 무릎을 '탁' 치시며 좋아하셨다. 오늘 논어에서도 배우지 않았던가. 부모와 의견이 달라도 공경하여 어기지 말고 힘들더라고 원망하지 말라고. 그렇다. 나는 공자의 가르침을 실천하는 진정한 유림이다. 노상추는 확신에 찬 어조로 말했다.

"그럼, 이사는 언제 하는 게 좋겠습니꺼?"

"집이 다 정해져 있으니 당장 하는 게 안 좋겠나?"

"지, 지금 다, 당장이라꼬요?"

노상추는 중치가 콱 막히는 것 같았다. 하지만 어쩌랴. 때는 늦은걸.

"자, 먼저 나랑 완복이랑 술증이가 지금 나서도록 짐을 싸라."

"지금이요?"

어머님은 까부러치실 듯 말씀하셨다.

"그래. 지금 당장. 완복이 니 빨리 준비하고 애미야, 술증이도 준비시키라."

형수는 얼굴이 하얘져서 고개를 숙이며 '예' 하고 대답했다. 형수와 어머니는 허둥지둥 옷가지를 싸고 먹을 것을 챙겨서 검쇠에게 시켜 말에 싣게 했다. 아버지는 바람처럼 말에 올라타시고 앞에 술증이를 앉히셨다. 검쇠가 말을 끌고 완복이는 아버지 옆에 서서 길을 떠났다. 아버지는 더없이 좋으신지 표정이 환하셨다.

"빨리 온나. 내 신기에 들렸다가 운곡으로 들어갈 것이니 고모 집으로 잘 찾아 온나."

"예, 걱정 마이소. 지금부터 잘 준비해서 이틀 안에는 출발하겠심더. 완복아, 아부지 잘 모시라. 술증아, 할아버지 말씀 잘 듣고 먼저 가 있으래이."

철없는 술증이는 신이 나 '이랴, 이랴' 하며 즐거워했고 형수와 어머니는 걱정스러운 표정으로 서 계셨다. 아버지가 떠나시고 노상추는 집안으로 들어와 노비들을 불렀다.

"이제 우리 집은 이사를 해야 하니 이삿짐을 싸라. 안채 짐은 계단이, 잇분이가 싸고 부엌살림은 위단이, 옥단이가 싸라. 치종이는 옆집에 가서 소달구지를 되도록 많이 빌려오고 점발이는 나랑 사랑채랑 초당채 이삿짐을 싸자. 덕돌이는 창고랑 곳간 살림살이를 모두 싸라."

"아, 춥아 죽겠는데 무신 이사를 한답니꺼?"

"이 무신 마른하늘에 날벼락인지 모르것다. 동지섣달에 이사라이……."

노비들이 저마다 한 마디씩 내뱉었다. 노상추는 추상같은 소리로 엄하게 말했다.

"시끄럽다. 내일 저녁때까지는 이삿짐을 다 싸고 모레 아침에 출발할 테니 그리 알고 서둘러라."

노상추는 사랑채로 올라갔다. 사랑채에 책과 일기를 어떻게 옮겨야 할까 궁리했다. 선조로부터 내려오는 일기들을 잘 보존해야 한다. 노상추는 덕돌이를 불렀다.

"부르셨습니꺼?"

"그래. 책을 담을 상자나 궤짝이 있으면 다 가져오니라."

노상추는 덕돌이가 가져온 상자와 궤짝 중에서 제일 튼튼하고 좋은 것을 골라서 집안에 일기와 책들을 조심스럽게 넣어서 새끼줄로 단단히 맸다. 중요 문서들은 작은 궤짝에 담아 노상추가 직접 가져가도록 싸두었다. 아버지께서 아끼시는 화병, 벼루, 묵, 붓, 연적 등등 깨지는 것은 옷으로 말아서 쌌다. 사랑채 벽장에는 한 번도 펼쳐보지 않았던 그림, 병풍 같은 것들이 끝없이 나왔는데 그중 할아버지 유품인 전복(戰服)[12]과 전립(戰笠)[13]도 있었다. 노상추는 전립을 손에 들고 한참을 바라보다가 눈물을 흘리고야 말았다. 할아버지께서 이 전립을 쓰셨을 때 노상추는 젖먹이 아기였다. 할아버지의 말을 타고 온 식구가 할아버지 임지로 갔던 때의 기억이 났다. 오늘 술증이가 아버지의 말을 타고 갔던 것처럼 노상추도 할아버지의 말을 타고 부하들의 호위를 받으며 그렇게 갔었다. 옆에는 젊고 잘 생겼던 아버지와 큰형도 있었다. 영광스럽고 화려한 군복을 입고 따뜻하게 안아주시던 할아버지의 모습이 어린 젖먹이였던 노상추의 마음 깊이 박힌 것이다. 할아버지가 보고 싶어서 그런 건지 좋았던 시절이 그리워서인지 나에게도 이런 걸 쓸 날이 올까 하는 생각 때문인지 어쨌든 노상추는 눈물을 훔치다가 정성을 다해 전립과 구군복을 쌌다. 노상추는 집안의 중요한 물건들을 다 싼 후에는 짐마다 번호를 붙이고 각 번호의 상자나 짐 안에 들어있는 물건의 목록을 작성했다. 짐을 싸는 일을 하다 보니 밖에서 옥단이 소리가 들렸다.

"저녁 진짓상 올릴까예?"

"아니다. 안채에 가서 식구들과 할끼다."

"예."

---

12) 전복: 군복에 입는 겉옷
13) 전립: 무관이 군장을 할 때 쓰던 갓

노상추는 어느 정도 사랑채의 중요한 물건들을 싸둔 다음 안채로 건너갔다. 저녁상이 차려져 있어서 함께 식사했는데 아무리 봐도 이삿짐을 싼 것이 보이지 않았다.

"어무이, 와 짐을 안 싸십니까?"

"야야, 이 동지섣달 추위에 무신 이사를 하겠노. 내사 마 서글퍼서 엄두가 안 난다."

"아부지가 이틀 안에 오라고 하셨는데 우야겠습니꺼. 해야지예. 완복아, 니도 어무이랑 형수 도와서 안채에서 나오는 이삿짐 다 싸라. 아랫것들이 하겠지 하면 안 되고 중요한 물건은 니가 직접 싸서 챙겨야 된데이. 사랑채에 중요한 물건은 내가 다 싸서 사랑채 안방에 뒀으이까네 내일 소달구지 오면 옮겨 실어라."

노상추가 뛰는 말에 채찍을 치듯 말하자 완복은 씹던 밥을 꿀떡 넘어 삼키며 눈치만 봤다. 어머니가 노상추를 보며 한숨 쉬며 말했다.

"상추야, 열 살 먹은 완복이가 무슨 이삿짐을 싸겠노?"

"열 살이면 다 컸다 아입니꺼. 어무이, 제가 내일 모레 먼저 가서 들어갈 집 손보고 있겠십니더. 여보, 당신이 아랫것들 시켜서 이삿짐 전부 싸서 소달구지에 잘 실어놔라. 내가 왔다 갔다 하며 다 실어 나를 끼구마."

"예. 걱정 마이소. 제가 할께예."

아내가 조신하게 대답했다. 숭늉을 마시며 옆을 보니 여동생이 밥을 깨작대고 있고 희증이에게 밥을 먹이는 형수도 힘이 없어 보였다. 노상추는 모두 들으라는 듯 큰 소리로 말했다.

"어머님, 운곡은 풍양 조씨 가문의 세거지 아입니꺼. 풍양 조씨가 우떤 가문입니꺼. 조선 팔도를 호령하는 가문이라 안 합니꺼. 우리 가문도 운곡에 가서 새로 시작하면 그때부터 크게 뻗어나가기 시작할 낍니더."

순진한 건지, 장한 건지 모르겠다는 듯 어머니와 여동생, 형수, 완복이는 떨떠름한 얼굴이었다.

노상추는 저녁을 먹은 후 집안을 둘러보며 부엌 살림살이, 고방에 있는 곡식, 땅에 묻어놓은 김칫독, 장독대 살림 등을 어떻게 하면 잘 나를 수 있을까 궁리했다. 안채, 사랑채, 별채 살림살이마다 각기 달구지를 달리해서 섞이지 않도록 했다. 고방에 들어가 보니 곡식이며 말려놓은 나물들이며 온갖 것들이 끝없이 나왔다. 소달구지가 도대체 몇 대가 필요한지도 모르겠다. 덕돌이가 동네에 돌아다니고 와서 고했다.

"소달구지는 집에 한 대가 있고 이 동네에서 다 빌려봐도 네 대가 다입니더. 더 필요하면 돈을 주고 멀리에서라도 빌려야 안 되겠십니꺼."

"아이다. 왔다 갔다 해야지 별수 있나. 내일 다 빌려와서 집안 마당에 갖다 놔라. 내일은 짐을 싣고 모레 아침에는 출발해야 된다."

결국 모레 아침이 됐을 때 노상추는 혼자 먼저 출발하기로 했다. 노상추는 덕돌이를 데리고 사랑채에서 나온 것 중 책과 일기, 그리고 중요 문서들만 소달구지에 실어서 길을 떠났다. 한겨울의 차가운 바람에 손발이 얼어붙었지만, 부지런히 하루종일 쉬지 않고 걸어서 유시(酉時)[14] 넘어서 고모 댁에 도착할 수 있었다. 운곡은 풍양 조씨 가문이 자리 잡고 살아서 번듯번듯한 기와집이 많이 있었다. 고모님 댁도 위세 넘치는 집으로 행랑채가 길게 뻗어 있었고 안채 옆에 큰 규모의 곳간채가 이 집 살림살이 규모를 말해주고 있었다. 대문 안으로 들어가자, 고모님이 안채에서 빠른 걸음으로 나오셔서 노상추의 손을 꼭 잡으며 반가워하셨다. 노상추는 고모님의 거처인 안채 안방으로 들어가 절을 올렸다. 고모는 연신 눈물을 옷고름으로 닦으시며 마음을 굳게 먹고 살다 보면 곧 좋은 일이 생긴다고 하셨다. 밖에서 소리가 나자, 고모는 창

---

14) 유시(酉時): 오후 5시 – 7시

문을 열고 밖을 내다보셨다. 아버지께서 오셨는데 안방으로 드셔서 함께 이야기를 나누었다.

"니도 내일 완복이랑 함 가 봐라. 집이 좋다. 수리해서 들어가면 좋을 끼이다. 일단 검쇠랑 덕돌이한테 나무를 해와서 담장부터 치라고 해라."

다음날 노상추는 아침 일찍 일어나 두 머슴을 데리고 이사 갈 집에 가봤다. 외대조 검간공15)께서 목재와 자재를 좋은 것을 쓰셔서 그런지 기초는 튼튼했다. 댓돌을 높이 쌓아 마룻바닥이 땅에서 높이 올라가 있어서 집이 높아 위압감을 줬다. 부엌 위에 다락방에서는 멀리 동네가 한눈에 보일 정도로 높았다. 이 동네 집들은 전체적으로 높은 것이 선산과 달랐다. 하지만 오래 비어 있어 아궁이며 구들이며 굴뚝이며 장판이며 문짝까지 전부 고쳐야 했다. 아버지는 선산 본가로 돌아가셨고 노상추는 그날부터 동네 미장이와 목수를 불러 집을 대대적으로 수리하기 시작했다. 고모님네 노비들이 와서 많이 도와주었다. 며칠 후 아버지께서 아내, 형수, 희증이를 데려오셨다. 하루 종일 걸어오다가 중간에 비까지 맞아 모두 난리 맞은 꼴이었다. 덩치가 크고 씩씩한 아내도 얼굴이 말이 아니었고 희증이를 등에 업고 온 형수는 안색이 파리했다. 오다가 수레가 덜컹대서 간장독 두 개가 부서지는 바람에 옥단이는 간장을 뒤집어쓰고 벌벌 떨며 왔다. 일단 당장 먹고사는 데 필요한 살림살이 위주로 실어 와서 새집 앞 마당에 들여놨다. 하지만 다음날엔 증조부 참판공의 기일이어서 노상추와 완복 그리고 아버지는 선산 본가로 빈 달구지 다섯 대와 머슴들을 이끌고 다시 갔다. 추운 날 하루 종일 머슴들은 소와 씨름을 했고 중간에 함박눈이 와서 눈과 코로 눈이 마구 들어갔다.

---

15) 검간공(黔澗公): 조정(趙靖, 1555~1636) 대구 판관을 역임한 조선 후기 문관.

"눈이 와서 빨리 가야 한다. 지체하면 오늘을 넘길지도 모르니 힘들더라도 빨리 걸어라."

아버지는 말을 타고 가시면서 우릴 독려하셨다. 나와 완복이는 머슴들과 부지런히 걸었다. 젊은 노상추이지만 아이고 소리가 절로 나왔다. 온몸이 쑤시고 특히 무릎이 아파왔다. 하지만 아버지 앞에 티를 낼 수는 없었다. 마음을 다시 독하게 먹고 열심히 걷고 또 걸었다. 시간을 절약하려고 식사도 주먹밥을 먹으며 걸어서 겨우 당일에 선산 집에 도착했다. 도착하자마자 제사 준비를 시작해서 새벽에는 증조부 제사를 지냈다. 몇 시간 눈을 붙이고 일어나 또 남은 살림 중 사랑채 궤짝과 가구들, 안방 살림, 그리고 다락방에 쓰지 않고 두었던 살림살이들을 꺼내 모두 싣게 했다. 그리고 어머니, 여동생 효명이와 함께 나머지 노비들을 데리고 운곡으로 떠났다. 찬바람이 쌩쌩 부는 겨울에 이 삿짐을 산더미처럼 달구지에 싣고 오십 리 길을 걷다 보니 수레가 덜컹댈 때마다 살림살이들이 부서지고 떨어져 나가 다시 싣고 묶고 하는데 시간이 오래 걸렸다.

'이사가 살아생전에 또 할 짓이 아니구마. 이래 힘든지 누가 알았겠노.'

노상추는 차마 말로 하지는 못하고 마음속으로 다시는 이사를 하지 않겠다고 맹세했다. 운곡에 도착하자 어머니는 친정에 오셔서인지 얼굴이 밝아지셨고 고모님도 반갑게 맞아주셨다. 노상추는 도착하자마자 새집으로 가보았다. 사랑채와 안채에 도배와 장판이 끝나가고 있었고 문풍지도 다 발랐다. 이제 며칠 내로 새집으로 짐을 다 옮길 수 있게 될 것이라 생각하니 노상추는 마음이 가벼워졌.

며칠 동안 집을 수리했고 아내와 형수가 집안을 단장하고 필요한 살림을 들여놔서 새집에 들어가게 된 첫날이었다. 아직 손을 다 보려면 멀었지만 일단 들어가서 잘 수 있을 만큼은 됐다. 새집의 사랑채는 크고 높아 대청마루에 서서 보면 가슴이 탁 트였다. 큰 사랑방에는 창문이 크고 높게 나 있어 밖을 내다보기 좋았다. 노상추 식구가 이사를 한다는 소식에 외가댁 친척들이 많이 와서 하루 종일 시끌벅적했다. 저녁 식사까지 마치고 외가댁 식구들은 계속 이야기꽃을 피웠다. 즐겁게 이야기를 나누시다가 어머니는 졸린 눈을 하는 노상추와 아내를 보며 이제 그만 들어가서 자라고 하셨다. 고모님도 가서 자라고 하셔서 노상추와 아내는 사랑방을 나와 별채 방으로 가는데 고모님이 계속 웃으시며 쳐다보셨다. 그리고 큰 창문을 여시더니 창문 밖으로 고개를 길게 빼시고 농담하셨다.

"상추야, 오늘 밤에 좋은 꿈 꾸고 올해 안에 떡두꺼비 같은 아들이 낳아라. 질부야, 하늘의 별을 꼭 따라!"

노상추와 아내는 얼굴이 빨개져서 고개를 숙이고 별채의 방으로 들어가는데 뒤에서 이상하게 퍽 하는 소리가 들렸다. 그리고 어머니의 비명 소리가 들렸다.

"아이고, 고모! 고모! 여봐라! 여봐라! 상추야, 큰일 났다."

노상추가 뛰어가 보니 고모님이 창문에서 떨어져서 피를 흘리고 계셨다.

"느그 내외가 방으로 들어가는 것을 보시려고 몸을 창밖으로 내밀다가 그만 창문에서 떨어지셨다. 우짜노, 우짜노."

어머님이 우시면서 말씀하셨다. 노상추는 고모님을 업어서 방으로 들어가 눕혀드렸다. 머리에서 피가 철철 흘러내렸고 고모님은 정신을 잃으셨다. 아버지가 고모님의 머리에서 흐르는 피를 닦고 상처를 싸맸지만, 피가 계속 흘렀다. 노상추는 덕돌이를 불러 빨리 의원님을 모셔오라고 보냈다. 하지만 몇 시간이 지나도 돌아오지 않았고 새벽 무렵 결국 고모님이 돌아가셨다. 아버지와 고모부, 고종사촌들의 울음소리가 새벽의 캄캄한 밤하늘에 울려 퍼졌다. 세상에 어찌 이런 변고가 있단 말인가. 고종사촌 형 조공위는 이제 관례를 치른 지 두 해밖에 지나지 않았는데 난데없이 어머니의 초상을 치르게 됐다. 이튿날 아침 부음을 알렸고 친척들이 도착했다. 이틀 후에는 빈소를 차렸다. 아버지는 불쌍할 정도로 흐느끼시며 울었다. 성복례(成服禮)16)를 드릴 때는 더 큰 소리로 한참을 우시다가 말했다.

"상추야, 마, 돌아가자. 이래 가 여기 우예 살겠노."

노상추는 아버지와 함께 울었다. 우리 때문에 고모님이 돌아가셨다고 생각하니 가슴이 찢어지는 것 같았다. 아버지의 인생이 왜 이리도 참혹해지는 걸까. 하지만 더 기막힌 것은 또 이사를 해야 한다는 것이다. 효를 실천하기가 이렇게 어려운 것인가. 공자께서 부모를 따르지 않음을 드러내면서도 부모를 공경하여 어기지 않고 힘들더라도 원망하지 말라고 하신 말씀을 실천하기가 이다지 어려운 것인가. 자칫 공자의 가르침이 없었다면 너무 힘들어서 아버지를 원망했을지도 모르겠다. 하지만 노상추는 지극한 효를 실천하는 유림이기에 아버지의 뜻을 따랐다. 어차피 이런 변고가 생긴 이상 이 동네에서 좋은 마음으로 새 출발 하기는 글렀다. 노상추는 아내와 형수에게 먼저 말하고 어머니에게도 말씀을 드렸다. 모두 멍한 얼굴로 고개만 끄덕였다. 고모님의 장례를 치르면서 노비들에게는 풀었던 짐을 다시 싸라고 일렀고 아직 짐을 다 푼 것은 아니어서 달구지에서 내리지 않은 짐들은 다시 선산 집으로 보냈다. 노비들은 잔뜩 볼멘 표정으로 떠났다.

"집 청소 잘해놓고 살림살이들 원래 있던 대로 잘 갖다놔라."

아버지는 성복례를 지낸 후 집으로 돌아가셨다. 노상추는 형수와 노비들을 집에 보내고 고모님 댁에 들러 인사를 하고 뒷정리를 한 다음 어머니, 여동생, 아내를 데리고 선산으로 출발했다. 어머니를 보내는

---

16) 성복례(成服禮): 초상이 난지 4-5일 후 처음으로 상복을 입는 조선시대 장례 절차.

외가댁 친척들이 눈물을 흘렸다. 어머니도 돌아보며 계속 손을 흔드시고 눈물을 닦으셨다. 집에 돌아오는 길에 소달구지 한 대의 바퀴가 삐걱거리다가 빠지는 바람에 소쿠리에 담아놓은 밥그릇 국그릇이 쏟아져 와장창 깨지고 온 산길에 부엌 살림살이들이 널브러졌을 땐 일을 허술하게 한 종들에게 욕을 퍼붓고 싶었다. 하지만 명색의 양반이기에 화가 나는 것을 이를 꽉 물고 참으며 머슴들이 일을 수습하기까지 기다렸다가 다시 출발했다. 춥고 배고프고 온몸이 쑤시고 갈 길은 멀고 할 일은 산더미였다.

'공자님요, 군자의 길이 미천한 제가 따르기에 이래 힘든 깁니꺼?'

노상추는 속으로 엉엉 울어버렸다. 몸과 마음이 만신창이가 되어 선산 집에 도착하니 술시(戌時)[17]가 넘었다. 옛집을 다시 보니 이 모든 일이 꿈 같았다. 수레들을 모두 집 안에 들여놓고 아버님 방에 들어가시는 것 보고 집안 단속을 마친 후 원래 자기 방에 들어왔다. 방에 몸을 누이자마자 그대로 정신을 잃듯 잠이 들었다.

---

17) 술시(戌時): 저녁 7시 – 9시

3. 항산 恒産

1763년 · 계미년 · 영조 39년 · 4월 · 17세

계미년 4월이 되자 새벽의 공기가 따뜻한 봄의 기운을 품고 있었다. 겨우내 얼어붙었던 땅도 봄기운이 스며들어 생명을 품고 키워낼 채비를 했다. 예년 같았으면 노상추도 봄을 반겼을 것이지만 올해는 그럴 수가 없었다. 이번 달 집안의 소 한 마리가 며칠 동안 여물을 먹지 못하더니 죽고 말았다. 웬만한 머슴 열 명이 하는 일을 하는 소가 이렇게 며칠 만에 죽어 나자빠지니 마음에 큰 돌덩어리가 내려앉는 것 같았다. 그런데 엎친 데 덮친 격으로 며칠 후 나머지 한 마리마저 비슷한 증세로 죽었다. 두 마리가 한꺼번에 죽는 것을 보고 우역(牛疫)[18]이 돌고 있다는 것을 알았다. 이런 흉사가 일어나다니. 이제 곧 쟁기질해서 겨우내 얼어붙어 있던 논이며 밭이며 다 갈아엎어야 하는데 집안에 기르던 소가 두 마리나 한꺼번에 죽어나가다니 이 일을 어쩌랴. 평리에서 친척 조부께서 오셔서 소를 봐주시긴 했지만, 죽은 소를 들여다 본다고 살아날 리가 만무했다. 올해 소도 없이 농사를 지어 이 많은 식구와 노비들

---

[18] 우역(牛疫): 바이러스에 의해 전염되는 소의 전염병.

을 먹여살려야 한다고 생각하니 노상추는 가슴이 갑갑해졌다. 아직 농사일에 대해서도 잘 모르는 내가 잘할 수 있을까? 조상님들 앞에 종손으로서 집안을 책임지겠다고 맹세는 했지만, 막상 현실에 부딪히니 기개가 조금 꺾이는 게 사실이었다. 노상추는 맹자를 폈다.

"無恒産而有恒心者 惟士爲能 若民則無恒産 因無恒心 (무항산이유항심자 유사위능 약민칙무항산 인무항심).
 일정한 생산 없이 일정한 마음이 있는 것은 오직 선비만이 할 수 있으니, 백성은 일정한 생산이 없으면 일정한 마음이 없어진다."

일정한 생산[19]이 없어도 선비는 일정한 마음[20]을 가질 수 있다고 맹자께서 말씀하셨다. 일정한 생산이 없으면 일정한 마음도 생길 수 없는 인간들은 백성들이다. 선비로서 일정한 생산이 없어도 흔들리지 않고 일정한 마음을 가져야 하건만 노상추의 마음은 왜 이리 흔들리는 걸까. 난 선비가 될 자격이 없는 것인가. 조상들이 물려주신 이 전답에 열심히 농사를 지어 재산을 늘려가야 하는 것이 후손 된 도리이거늘 겨우 소 두 마리 죽어 나갔다고 이렇게 낙담하다니 나는 얼마나 모자란 인간인가. 노상추는 다시 한번 반성했다. 선비는 항심을 가져야 하고 백성들에게 항산을 만들어 줄 수 있어야 한다. 그것이 양반의 길이다. 자, 다시 한번 열심을 내어보자. 나는 恒心을 가진 선비로 恒産을 이루어 낼 것이다. 맹자를 읽다가 해가 떠올라 날이 밝아지자 노상추는 일어나 아버지의 초당채로 갔다. 문밖으로 아버지의 앓는 소리가 낮게 들려왔다.

---

19) 일정한 생산, 恒産: 일상을 영위할 수 있는 생산 기반, 먹고 살 일, 직업.
20) 일정한 마음, 恒心: 공동체 규범, 도덕을 지키며 살아가는 선하고 흔들리지 않는 마음.

"아부지요, 많이 아프십니꺼?"

"마, 괘안타. 아구구구…….."

아버지는 노상추의 얼굴을 보려고 몸을 움직이려다가 이내 얼굴을 찡그렸다.

"허리가 이젠 안 펴지네."

"다리는 좀 어떠십니꺼?"

"넓적다리도 못 펴겠다. 아구구구……."

노상추는 아버지의 다리를 살살 주물러드렸다. 손바닥으로 허리를 문질러 드리기도 하고 손가락으로 다리를 살살 주무르기도 했다. 이렇게 주무르고 문질러서 나으실 수 있다면 손이 가루가 될 때까지 주물러 드릴 텐데.

"아버님, 오천운 어른께서 언제 약을 가져오신다고 하셨습니꺼?"

"그 친구도 별반 뾰족한 수가 있는 건 아이다. 잘 아는 한의사 만나게 되면 지어오겠다 캤으이 언제 올지는 모린다. 그란데, 니는 오늘 둔곡에 간다 캤드나?"

"예. 오늘 머슴들 다 델고 가서 둔곡에 있는 땅에 다시 물을 댈 수 있도록 맹글고 올깁니더. 작년에 추수하고 난 뒤에 그냥 내버려 둬 가아 지금은 땅이 다 말라 있습니더."

"그래. 둔곡 땅도 놀리면 안 된다. 올해는 비가 와야 할낀데. 요 몇 년 가물어 가아 큰일이다. 농사는 시기를 놓치면 안 된다. 오늘은 꼭 가서 둔곡 땅에 물 댈 준비를 해놓고 오니라."

"아버지, 농사는 심려치 마시고 건강을 잘 돌보십시오. 제가 의원을 알아보겠십니더."

아침 식사를 일찍 한 후 노상추는 말을 타고 머슴 넷을 데리고 둔곡 땅으로 갔다. 논두렁이 무너지고 구멍이 난 곳도 많아 논은 말라 있었지만 며칠 전 비가 내려 그래도 호미가 들어갈 정도는 됐다. 무너진 논두렁을 다시 세우고 구멍을 메우고 물길을 다시 손을 봤다. 논두렁을 손본 후에는 소가 없어서 쟁기 대신 가래로 땅을 갈았더니 모두들 입이 닷 발은 나와 투덜댔다.

"덕돌아, 아침밥은 그렇게 많이 쳐먹어 쌓더구만 그래 힘이 없나? 땅 깊숙이 가래를 쳐박아야지."

"아, 어깨가 부서저라 하고 있구마는 웬 잔소리요? 줄이나 잘 잡아 땡기소."

"다리에 갈 힘이 주둥이로 갔드냐? 힘을 주라면 줄 것이지 말이 와 그리 많노. 오늘 안에 다 갈아야 할 꺼 아이가!"

검쇠가 소리를 버럭 지르자 덕돌이는 툴툴거리며 다시 갈기 시작했다. 옆에서는 치종이 따비로 땅을 쿡쿡 찍고 있었는데 일머리가 없어 이리 쿡 박히고 저리 쿡 박히고 있었다. 머슴들이 땅을 간다고 했지만 갈기는커녕 땅거죽만 깔짝대는 걸 보니 노상추는 천불이 났다. 종놈들이 소 두 마리만 못했다. 노상추는 못마땅하다는 듯 노비들 일하는 모습을 바라보다가 소리를 빽 질렀다.

"해지기 전까지 이 논 다 갈아놔라."

노상추가 말을 타고 떠나는데 뒤에서 소리가 들려왔다.

"말이 쟁기 끌게 하면 해 떨어지기 전에 다 하겠구마는. 소도 없이 무신 수로 땅을 갈아엎노."

"저 말은 늙어가아 힘없어 안된다."

그 말을 들으니 더 화가 치밀었다. 종놈들이 감히 상전이 타고 다니는 말을 두고 입방정을 떨다니 주리라도 틀어버릴까 하다가 소도 없는 마당에 종놈들까지 뻗어버리면 일 년 농사 망쳐버릴까 봐 참았다. 노상추는 곧 수확이 다가오는 신기에 있는 보리밭에 가보았다. 올해 보리농사가 잘되어 다음 달에 별일 없이 잘 수확하면 굶주릴 걱정은 안 해도 될 것 같아 마음이 놓였다. 집에 돌아와 고방에 들어가 남아있는 곡식과 씨앗으로 뿌릴 것들을 돌아봤다. 당장 먹을 것은 있었지만 방심하면 안 된다. 올해 농사가 어떻게 될지 모르기에 쌀 한 톨도 아껴야 한다. 노상추는 위단이가 뒷산에서 캐온 쑥으로 끓인 국과 냉이 나물로 점심을 맛있게 먹었다. 여종들은 요즘 채마밭을 갈아엎고 상추, 대파, 부추 같은 채소 씨앗을 뿌리고 있었다. 아내는 아버님 탕약을 달이느라 화로에 부채질을 조심스레 하고 있었고 어머니는 근심스런 표정으로 약 달이는 모습을 지켜보고 있었다.

"불이 싸면 약 다 쫄아든데이. 살살 부치라."

"예."

아버지 허리 병으로 어머니와 아내는 매일 아버님 약 수발을 드느라 바빴다. 어머니는 고모 장례식을 치른 후 아버지마저 병석에 누워버리자, 걱정이 더 많아졌다. 이래저래 올해는 봄이 왔다고 좋아할 수 없었다. 어머니는 하늘을 바라보며 혼잣말했다.

"올해는 비가 때맞춰 내려야 할낀데."

모두의 바람을 비웃듯 오월 내내 비가 단 한 방울도 내리지 않았다. 모판에 모는 자라고 있는데 논에는 물을 대지 못해 노상추의 마음도 타들어 갔다. 사월에 비가 지나가듯 한 번 내린 후로 하늘은 무심하게도 오월 내내 해만 쨍쨍 내리쬐었다. 다행히 오월에 보리가 풍년이 들어 식량은 넉넉해 굶주릴 걱정은 면했지만 아무리 기다려도 비는 내리지 않았다. 오월 말이 되자 우리 고을 수령 선산 부사가 안 되겠다 싶었던지 금오산 꼭대기에서 기우제를 지낸다며 노상추에게 헌관이 되어달라고 통보가 왔다. 노상추는 기우제 전날에는 몸과 마음을 정하게 하기 위해 합방을 하지 않았고 대문에 금줄을 쳤다. 기우제 날에는 온 동네가 시끌벅적했다. 꼬마들, 아낙네들, 남정네들 모두 기우제를 보러 금오산으로 갔다. 제사를 담당하는 사람들은 각종 음식과 돼지, 닭 같은 가축을 끌고 갔고 지게에 불을 피울 장작을 지고 가는 이들도 많았다.

노상추는 동생 완복이와 함께 금오산으로 향했다.

"행님, 기우제 한 번 억수로 크게 지낼랑갑다."

완복이는 잔뜩 신이 나서 이리 뛰고 저리 뛰며 힘차게 금오산에 올라갔다. 금오산 꼭대기에는 선산 일대에 있는 승려란 승려, 무당이란 무당, 소경이란 소경은 모두 불러 모아 오일장보다 더 북적였다. 금오산 꼭대기 마당 바위에는 금줄이 쳐져 있고 그 위에는 통돼지, 과일, 포, 팥시루떡, 백설기가 산더미처럼 차려져 있었다. 노상추는 헌관이 되어 바위 옆에 다른 이들과 나란히 섰다. 수령은 제관이 되어 제문을 읽으며 본인이 부덕하여 하늘의 진노를 사 가뭄이 계속되고 죄 없는 백성들이 굶어 죽게 생겼으니 부디 자신의 허물을 용서하시고 알맞은 비를 내려주사 올해에도 풍년이 들게 해달라고 간절하게 빌었다. 수령 다음으로는 각 사찰을 대표하는 승려들이 불경을 암송했고 무당이 굿판을 벌였고, 도통했다는 소경들이 비를 내려 달라는 기도를 올렸다. 유교를 숭상하는 선비로서 귀신에게 제사를 지내는 이런 음사가 탐탁지 않아 잔뜩 미간을 좁히고 있지만 마음속으로는 이 모든 기원에 용이 응답하여 구름을 일으켜 비를 내려주길 간절히 빌었다. 타들어 가는 토지와 말라가는 듬붕을 보면 노상추의 살이 타들어 가는 것 같았다. 귀신이든 부처님이든 용이든 뭐든 와서 비를 내려주셔야 한다. 음복을 한 후 마을 사람들에게 떡과 고기를 나눠 줬다. 사람들은 돼지와 닭을 죽여서 피를 바위 위에 뿌렸다. 한 노인이 손을 비비며 빌었다.

"천지신명이시여, 신성한 바위를 가축의 피로 더럽혔으니 어서어서 비를 내려주셔서 이 바위를 깨끗이 씻어주옵소서."

다른 한쪽에서는 생솔가지를 얹은 장작더미에 불을 피우기 시작했다. 뿌연 연기가 구름처럼 크게 피어오르자, 남정네들이 외쳤다.

"구름이 몰려온다, 구름이 몰려온다."

"비가 온다, 비가온다. 이제 곧 비가 온다!"

완복이와 노상추는 고기 한 점에 술 한잔을 마시고 기분이 좋아졌다. 왠지 비가 올 것 같은 느낌이 들었다. 마을 사람들도 흥이 나서 농사일 걱정은 잠시 잊고 풍물에 맞춰 춤도 추고 노래도 불렀다. 때마침 선산 수령이 명하여 관기 매월이가 앞으로 나오더니 창을 한 곡조 뽑았다.

"비나이다, 비나이다, 신령님께 비나이다.
기원이오 기원이오, 하늘이여 신명이여.
이 땅 위에 비를 주어, 우리 백성 살려주오.
황해 같이 넓은 들에, 금옥 같은 우리 농토
물이 없어 메마르고 백성들은 허덕이오.

백성들은 두 손 모아 신령님께 비나이다.
농민들은 괭이 들고 논밭으로 헤매이나
무심한 수전답은 황야로 물들었네.

옛날 옛적 탕 임금은 칠년대한 가문 날에
신영백모 제를 지내 별안간에 비가 내려
방수천리 적시었네.

농본국인 우리나라 농민들이 으뜸일세.
옥야천리 넓은 들에 물이 말라 걱정일세.
부디부디 단비 내려 우리 농민 살리소서."

기우제를 마치고 금오산에서 내려오다보니 강가에서 아녀자들과 아이들이 강물로 키질을 하고 있었다.
"비요! 비요! 비 좀 내려주소! 비 좀 내려 주소!"

일곱 살쯤 된 계집아이가 엄마에게 묻는다.

"엄마, 강물로 와 키질을 하노?"

"이 키는 곡식에 섞여 있는 돌이나 벌거지를 골라낼 때 쓰는 거라 부정을 마이 탔다. 강물에 부정한 것을 씻으면 신령님이 노하셔서 비를 내려 주신다."

"참말로?"

"야는 속고만 살았나? 퍼뜩 하그라. 퍼뜩!"

아이들은 키를 강물에 씻고 강물로 키질하면서 큰 소리로 외친다.

"비요! 비요! 비 내려 주소! 비 내려 주소!"

완복이 주변의 풍경을 바라보며 노상추에게 말했다.

"사방 천지에 비를 내려 달라고 난리구마. 행님, 이런다꼬 비가 오겠나?"

"그거사 비 안 오면 다 죽게 생겼으니 하는 짓이지. 이렇게라도 해야 마음이 쪼매라도 덜 불안하지 않겠나. 비가 와야 할낀대. 물이 모질라 가아 지금 우리 집 채마밭 콩도 다 말라 죽게 생겼다."

"기우제 덕분에 오늘 하루 잘 놀았다. 내일도 기우제 지냈시믄 좋겠다."

집에 돌아오니 대문에 걸어놓은 금줄에 솔가지로 마개를 막은 조롱박이 거꾸로 매달려 있었다. 매단 지 얼마 되지 않았는지 솔가지에 물이 맺혀서 땅으로 똑똑 떨어지고 있었다. 대문 안에 들어서자, 술증이와 희증이가 짚으로 만든 용을 가지고 놀고 있었는데 술증이는 부지깽이로 용을 때리면서 비구름을 토해내라고 했다. 희증이도 형을 따라하며 작대기로 용을 때렸다. 아이들은 노상추를 보자 공손히 인사를 했다.

"숙부님, 기우제 잘 다녀오셨습니꺼!"

"잘 다녀오셨습니꺼!"

귀여운 조카들을 보고 노상추는 빙그레 웃었다.
"오냐. 술증이와 희증이는 오늘 밥 많이 먹었느냐?"
"예."
노상추는 초당채에 들어가 부모님께 문안 인사를 올린 후 아내가 있는 별채로 갔다. 아내는 노상추의 두루마기를 받아서 횃대에 걸면서 말했다.
"오늘 여종들이 저녁 묵꼬 빨래터에 가서 동네 처녀들이랑 솥뚜껑 뚜디리면서 비 내려 달라꼬 빌러 간다고 하는데 가라 칼까예?"
"그러라 캐라. 누가 아나? 가아들이 지낸 솥뚜껑 고사가 영험해서 하늘에서 비를 내려주실지."
온 세상이 타들어 가기만 하던 오월이 끝나고 드디어 유월이 첫날이 됐다. 놀라운 것은 신령님이 들으셨는지 부처님께서 어여삐 여기셨는지 유월 첫날 새벽부터 비가 내리기 시작했다.
"비다! 비가 온다!"
점발이가 나와서 소리쳤다. 처음에는 보슬보슬 오기 시작하더니 이내 굵은 빗줄기가 내렸다. 멀리 낙동강 가까이 있는 논에도 시원하게 비가 내리니 이제 모든 걱정은 사라졌다. 아버지도 허리 병이 조금 차도가 있으신지 일어나 앉으셔서 어머니를 불렀다. 어머니가 약을 달이다가 초당채로 가서 아버지가 머리 빗는 것과 세수하시는 것을 도와드렸다. 아버지가 오랜만에 머리를 빗으시고 세수하시는 모습을 보니 노상추는 하늘을 날 듯 기뻤다.
"기우제를 드린 보람이 있습니더. 천지신명께서 기도를 들으셨습니더."
아내가 환하게 웃으며 말했다. 완복이도 뛰어나오고 형수도 안채에서 아이들과 나와서 비가 내리는 모습을 보고 기뻐했다. 아버지께서 초당채 문을 열고 어머니의 부축을 받으며 나오셨다.

"아부지!"
 노상추와 완복은 아버지 앞으로 달려갔다.
 "이제 괜찮으싱교?"
 "그래, 이제 마이 나았다."
 "이 정도 비가 오믄 가물었던 것도 다 해갈되고 올해는 풍년이 들낍니더. 아부지도 이제 건강을 되찾으실 깁니더."
 "하모, 그래야지."
 오랜만에 온 식구가 큰소리로 웃었다. 그날 안채에 모두 모여 식사했다. 올해 수확을 한 보리를 넣어 지은 밥이라 그런지 더 맛있었다. 노상추는 아버지께서 앉아서 식사를 하시는 모습을 보고 더없이 기뻤다. 노상추는 머슴들이 일하는 논과 밭을 둘러봤다. 듬붕에 물이 차올라 메말랐던 논에 물이 들어갔다. 논바닥에 물이 들어가자, 노상추의 마음도 희망과 기쁨으로 차올랐다. 머슴들은 모판을 가져다가 모내기를 시작했다. 여종들도 모두 나와 모내기를 도왔다. 며칠 만에 모내기를 다 끝마쳤다. 노상추는 매일 논과 밭을 둘러보며 벼가 잘 자라는지 다른 작물들도 잘 자라는지 확인했다. 모가 물을 힘차게 빨아 먹고 하늘을 향해 고개를 쳐올리는 모습을 보니 노상추의 마음은 벌써 알곡으로 가득 찬 곳간이 되었다.
 그렇게 기다리고 기다려서 내리는 고마운 비였지만 한번 시작한 비는 이상하게 그치지 않았다. 비가 내리고 하루 이틀 지날 때까지는 좋았는데 엿새째 비가 계속 내리니 듬붕에 물이 넘실댔다. 덕돌이가 논두렁에 수로를 손보다가 삽을 집어던지며 씹어뱉듯 말했다.
 "젠장할, 하늘에 구멍이 뚫렸나 오랄 때는 안 와서 지랄이더니 이제 다 떠니리 가게 생깃구마."
 이제 머슴들은 듬붕의 물이 님쳐 논이 물에 잠기지 않도록 계속 물을 빼는 게 일이 됐다. 노상추가 논에 나가서 보니 멀리 보이는 낙동강에 물이 넘실대며 흘러가는 게 보였다.

"이제 그만 와야 될낀데."

아흐레째 비가 계속 올 때는 아버지도 나와서 걱정하셨다. 온 식구는 이제 처마 밑에 모여 비가 내리는 것을 걱정했다.

"비가 너무 마이 온다. 이러다 홍수 날라. 상추야, 낙동강은 바닥꺼정 다 말라가다가도 비가 며칠만 오믄 마 강물이 불어 넘쳐가 논밭이고 마을이고 다 잠기뿐다. 강물을 잘 봐라. 논이 잠길 것 같으믄 마을도 위험하데이."

"낙동강 물이 우리 집까지도 덮칠까예?"

"하모! 강물이 불어나면 순식간에 마을 전체가 다 잠기가 소고 돼지고 사람이고 다 떠니리 간다. 니 어릴 적에 여러 번 겪었는데 기억 안 나나? 우리 집까지도 강물이 들이차는 거 한순간이다. 방심하면 안 된데이."

그러고 보니 어릴 적에 비가 와서 뒷산으로 피신을 한 기억이 났다. 노상추는 다시 한번 낙동강에 나가보았다. 강물이 불어나는 것이 심상치 않았다. 포구 근처에 있는 노상추 집의 논은 벼가 물 위로 간신히 목을 내놓고 있었다. 여차하면 피난을 갈 준비를 해야 한다. 노상추는 덕돌이에게 낙동강을 보고 있다가 논과 밭이 물에 잠기면 뛰어와서 알리라고 이르고 집으로 갔다. 노상추는 집안의 중요 문서나 물건들을 모두 지붕 아래에 다락으로 옮겨 두었다. 그리고 바로 떠날 수 있도록 옷가지와 먹을 것을 싸두라고 아내와 종들에게 일러두었다. 오후가 되어 비가 좀 잦아들어 이제 그치나 하고 내다 보았더니 멀리서 덕돌이가 헐레벌떡 뛰어왔다.

"큰일났습니더. 지금 저 강 위에서 시뻘건 흙탕물이 쏟아져 내려와시 논과 밭이 다 잠겨버렸십니더. 저 낙동강 상류에서 비가 쏟아진 것 같십니더."

덕돌이가 외치자 갑자기 초당채 문이 열리고 아버님이 소리치셨다.
　"피난 준비를 해라. 지금 당장 미봉사로 가자. 아이들 준비시키라."
　헐레벌떡 덕돌이가 지게에 슬증이를 지고 형수가 희증이를 업었다. 아버님을 말에 태워드리고 검쇠가 고삐를 쥐었다. 어머님, 아내, 여동생 효명이, 동생 완복이가 함께 떠나고 나머지 노비들은 집을 지키기로 했다.
　"식량이 있는 고방에 특히 물이 못 들어가도록 앞에 돌이라도 막아놓아라. 혹시라도 집이 물에 완전히 잠길 것 같으면 너희들도 미봉사로 오니라."
　남은 종들에게 이르고 노상추는 식구들을 이끌고 산으로 향했다. 비는 그치지 않았다. 산으로 올라가는 길에 피난을 가는 동네 사람들도 보였다. 아랫동네 박 서방은 집이 완전히 물에 잠겨 돼지와 소가 떠내려갔다며 징징 울었다. 지난달 금오산에서 기우제를 지낼 때 만난 사람들이 이제는 홍수를 피해 뒷산으로 가며 다시 만났다. 노상추는 아버지가 괜찮으신지 계속 살피며 빨리 걸었다. 아버지는 말에 타신 후에는 허리가 몹시 아프신지 인상을 펴지 못하셨다. 겨우 미봉사에 도착해서 정법 스님에게 이 절에 머무를 수 있냐고 물었더니 지금 과거 시험 공부하는 선비들로 절의 방은 다 차 있어 안된다며 괜찮다면 토굴암이 어떠냐고 물었다. 아버지의 얼굴을 보니 숙소를 더 찾는 것은 무리일 것 같아 토굴암에 지내겠다고 했다. 아버지는 말에서 내리실 때 허리가 아프신지 계속 신음을 내셨다. 절에서는 아버지가 병이 중한 것을 보고 작은 방 하나를 주셔서 아버지와 어머니는 방에 함께 머무시도록 했고 나머지 식구들은 토굴암에 있었다. 토굴암 안에 들어가 일단 짐을 풀고 자리를 깔아 그 위에 앉았다. 하지만 바닥이 차고 공기가 습해서 앉아 있다 보니 절로 아이구 소리가 나왔다. 토굴 안을 둘러보니 옆에 부처님 석상이 벽에 조각되어 있었다. 위단이는 부처님의 석상 앞에 가서 두 손을 합장하며 중얼댔다.

"부처님요, 부처님요, 중생들을 불쌍히 여기시고 제발 비가 그치게 해주이소. 비가 그치게 해주이소. 지난달엔 제가 신령님께 비를 내려 달라꼬 솥뚜껑 뚜드리면서 빌었는데 신령님이 제 소원을 너무 들여주셔가아 홍수가 났다 아입니꺼. 이번에는 마 부처님께 기도드릴랍니다. 부처님요, 이젠 비를 그치게 해주이소. 손오공을 시키시든지 저팔계를 시키시든지 하셔서 제발 비를 그치게 해주이소, 야?"

비는 계속 내려 식구들은 꼬박 그 토굴에서 하룻밤 지낼 수밖에 없었다. 절에서 밥과 찬을 내어주셔서 식구들이 먹었다. 밤에는 형수와 아내가 술증이와 희증이를 하나씩 안아 재웠고 여동생 효명이는 완복이와 벽에 기대어 잠깐씩 잤다. 노상추는 뜬눈으로 밤을 지새웠다. 사랑채에 있는 책과 일기가 혹시라도 물에 떠내려갈까, 고방에 물이 차서 곡식이 물에 잠겨 못 먹게 되면 식량을 어떻게 구할까, 걱정이 이만저만 아니었다. 그리고 낮에 본 선비들이 자꾸 생각났다.

'내도 내일 집에 내려가지 말고 그냥 여기 주저앉아 저 선비들과 과거 공부나 하꼬?'

그런 생각을 하다가 픽 웃었다. 내가 여기서 과거 공부를 한다고 주저앉으면 집안에 그 많은 일들은 누가 다 하겠나. 지금 열 살 밖에 안 된 완복이가 할 수는 없다. 완복이가 적어도 지금의 노상추 나이가 되려면 한세월이 지나야 한다. 그때까지는 노상추가 공부만 팔 수는 없는 일이다. 이렇게 살아서 언제 과거에 급제하여 언제 출세를 할꼬. 앞으로 가야 할 길이 까마득할 뿐이었다. 새벽녘이 되어 항상 공부하는 시간이 되자 맹자의 말씀이 떠올랐다.

"無恒産而有恒心者 惟士爲能 若民則無恒産 因無恒心 (무항산이유항심자 유사위능 약민칙무항산 인무항심). 일정한 생산 없이 일정한 마음이 있는 것은 오직 선비만이 할 수 있으니, 백성은 일정한 생산이 없으면 일정한 마음이 없어진다."

 이 난리 통에 깨달은 것이 있다면 일정한 생산(恒産 항산)도 어렵고 일정한 마음(恒心 항심)을 갖기도 어렵다는 것이다. 하물며 일정한 생산이 없어도 일정한 마음을 지킨다는 것은 얼마나 어려운가. 맹자는 왜 이렇게 어려운 경지의 마음을 가지라고 했을까? 과연 맹자가 말한 항심을 갖는 이가 있을까? 올해 흉년이 들어 온 가족이 주리게 된다면 난 항심을 지킬 수 있을까? 난 선비다. 난 그래야 한다. 흔들려서는 안 된다. 내가 흔들리면 집안이 무너진다. 제아무리 큰 홍수가 나 온 세상을 휩쓸어 간다고 해도 난 항심을 지키고 내 가족을 지킬 것이다.

 "無恒産而有恒心者 惟士爲能 (무항산이유항심자 유사위능)."

 노상추는 희부윰해지는 새벽의 하늘을 바라보며 맹자의 가르침을 다시 한번 입으로 외웠다. 그리고 가뭄과 홍수가 반복되는 낙동강을 바라보며 언젠가 내가 조정에 나아가면 백성들의 항산을 위해 치수에 힘쓰겠다고 맹세했다. 아침이 되어 날이 밝아지니 식구들이 깨어났다. 비가 멈췄지만 하늘은 여전히 구름이 끼어 있었고 언제 다시 비가 쏟아질지 몰랐다. 노상추 식구들은 절에 내려가 아침 식사를 하고 토굴에 올라오니 족형 노효득이 와 있었다. 이런 곳에서 효득 형의 얼굴을 보니 황천길에서 할아버지를 만난 듯 반갑고 기뻤다.
 "형님 우짠 일잉교?"
 "상추야, 니 여기 와 있다꼬 아랫것들이 캐서 느그 델러 안 왔나."
 "우리 집은 우예 됐등교?"
 "괘안타. 물도 하나도 안 들어왔다."

"참말잉교?"

"그래. 낙동강 물도 이제 마이 빠졌다."

"그럼, 이제 내려가도 될까요?"

"그래. 내려가도 된다. 이제 가자."

노상추가 내려갔다가 다시 비가 또 시작할 수도 있지 않을까 걱정하는데 여동생 효명이가 톡 튀어나와 말했다.

"오라버니, 우리 그만 내려가입시더. 토굴에는 도저히 못 있겠십니더. 이제 장마도 다 끝나간다 아입니꺼. 큰비는 다 지나갔습니다. 무엇보다 술증이랑 희증이가 이런 데 있다가는 병납니더."

"그래, 그럼 우린 내려가자."

노상추는 혹시라도 모르니 아버님과 어머님은 절에 계시도록 하고 나머지 식구들을 데리고 집으로 돌아왔다. 일단 집에는 물이 들어차지 않아 다행이었다. 두 조카와 형수, 아내는 토굴에서 하룻밤 지낸 것이 엔간히 힘들었던지 안채에 들어가자마자 잠이 들어버렸다. 노상추는 식구들을 집안에 들여보낸 후 집안 곳곳을 살폈는데 모든 살림살이며 식량이 그대로 있었다. 하지만 강가에 있는 논은 심어놓은 벼가 흔적이 보이지 않을 정도로 흙밭이 되어 있었다. 노상추는 한숨이 절로 나왔다. 가뭄 끝에는 먹을 것이 있지만 홍수 끝에는 먹을 것이 없다는 말은 참말이었다. 강가의 논이 제일 소출이 많은 논인데 올해는 벼가 모두 흙에 묻혀버렸으니 나락 하나 건지지 못할 것이 뻔하다. 지난달에는 가물어서 타죽을 뻔하더니 이번 달에는 홍수가 나서 물에 빠져 죽을 뻔하고 올겨울엔 쌀이 없어 굶어 죽지 않을는지. 오호통재(嗚呼痛哉)[21]라, 인생사가 어찌 이리 어려운고.

---

21) 오호통재(嗚呼痛哉): 아, 슬프구나! 슬픔, 비통함을 나타내는 말.

4. 남은 힘으로 글을 배운다

1763년 · 계미년 · 영조 39년 · 9월 · 17세

계미년 9월 새벽 노상추는 여느 때와 같이 인시가 되자 일어나 의관을 갖추고 공부를 시작했다.

"子曰; 弟子入則孝, 出則弟, 謹而信, 汎愛衆而親仁. 行有餘力, 則以學文 (자왈; 제자입즉효, 출즉제, 근이신, 범애중이친인. 행유여력, 즉이학문). 공자께서 이르시되 젊은이는 집에 들어와서는 효도하고 나가서는 공손해야 하며 신중하고 미더울뿐더러 널리 뭇사람을 사랑하고 어진 이를 가까이할 것이니 이를 행하고도 남은 힘이 있으면 글을 배울 것이다."

집에서 효를 실천하고 밖에 나가서는 인을 실천하는 것이 학문을 닦는 것보다 중요하다는 구절이 오늘 노상추에게는 놀라움으로 다가온다. 공자가 이렇게 선언해 준 것이 고맙게 느껴졌다. 학문을 닦기 전에 먼저 참된 삶을 살아야 한다. 나에게 학문은 무엇이고 과거 시험은 무

엇인가? 편찮으신 아버님의 약을 달이는 일을 과거보다 더 중하게 생각했는가? 과거에 붙어 집안을 일으키겠다는 각오는 과연 가문을 위한 것인가, 나를 위한 것인가? 공자님의 말씀은 참으로 올바르고 아름답구나.

가물었던 봄과 여름의 물난리가 지나가고 9월이 되었다. 홍수로 인해 강가의 논에는 소출이 없었지만, 나머지 논과 밭에서는 그럭저럭 평작을 지었다. 노상추는 집안 살림을 맡은 후 두 해째 집안 농사를 직접 관장하면서 한 알의 쌀이 입으로 들어가기가 얼마나 눈물겹게 어려운지 절절히 느낀다. 그래도 여름에 김매기를 열심히 한 덕에 쌀알이 잘 여물어 가고 있으니, 위로가 됐다. 아버지의 허리 병은 좀처럼 낫지 않아 걱정이 이만저만이 아니다. 용하다는 의원이란 의원들은 다 찾아다녀 약을 쓰고 침도 맞고 부항도 떴지만, 별 차도가 없다. 요사이 어머님도 안색이 좋지 않으시고 식사도 제대로 하지 않으셔서 마음이 많이 쓰인다. 이러다 어머니마저 큰 병이라도 날지 걱정이다. 공부는 공부대로 진척이 없고 양친이 다 편찮으시고 농사를 지어 소출을 내기도 어렵다. 살기가 참 만만찮구나. 문득 며칠 전 다녀간 달신 형이 생각났다. 친척 형 달신의 집은 재산도 없고 형님 아버지께서도 일찍 돌아가셔서 아지매께서 고생을 많이 하고 계셨다. 하지만 길쌈이야 바느질이야 밤낮으로 일을 하셔서 달신 형의 공부를 뒷바라지하신다. 달신 형님은 노상추와 어릴 적 같은 서당에서 공부한 적이 있는데 항상 훈장님에게 장원급제하겠다며 칭찬을 들었다. 어린 노상추의 눈에 서당에서 소학을 읽고 뜻을 말하는 달신 형님이 대단해 보였었다. 그런 형님이 드디어 무과 시험에 응시하러 한양에 가면서 노상추 집에 들러 아버지에게 인사를 했다. 아버지는 허리가 아프신데도 옷을 차려입고 꼿꼿이 앉으셔서 달신 형님의 절을 받았다.

"달신아, 진인사대천명(盡人事待天命)²²⁾이라꼬 했다. 최선을 다했으면 분명 하늘의 명이 있을 끼다. 몸 건강히 다녀오니라."

"예! 마음속 깊이 새기겠십니더."

정달신은 노상추 집에서 점심을 먹은 후 떠났다. 노상추는 달신 형을 마을을 벗어나 멀리까지 배웅해 주었다.

"형님, 이번이 두 번째 과거 보러 가는 기지?"

"그래. 이번에는 우예될랑가 모르겠다."

"붙어야제. 형님은 똑똑타아이가."

"내가 머가 똑똑하노. 똑똑하면 문과에 응시했겠지, 무과에 응시하겠나. 공부는 상추 니가 잘하는데, 니는 언제 과거 보러 갈끼고?"

"글세, 나도 모리겠다. 요즘은 마 책도 머리에 잘 안 들어온다. 걱정이 많아 그런가."

"상추야, 과거 시험은 꼭 봐야 된데이. 아저씨께서는 과거를 안 보시고 평생 집안을 돌보며 사셨지만, 니는 집안에 머무르면 안 된다."

"나도 과거 보고 싶은데 지금 우리 집안 사정이 내가 과거 시험에 전념할 만큼 넉넉하지가 몬하다"

"집안이 넉넉해서 과거 보는 놈이 어디 있다 카드노? 다들 과거에 붙어서 집안을 일으킬라꼬 논 팔고 집 팔아서 과거 본다 안하나."

"형님네는 이번에 또 머 팔았나?"

노상추의 걱정 반 호기심 반인 질문에 정달신은 말해서 뭐 하겠냐는 듯 한숨부터 푹 쉰다.

"우리 집에 팔 기이 머가 있노. 불효자 때문에 우리 어무이만 뼛골 빠지는 게지. 우쨌든 이번에는 붙어야 된다."

"이번에 활쏘기 연습은 마이 했나?"

---

22) 진인사대천명(盡人事待天命): 사람이 할 수 있는 일을 다 하고서 하늘의 뜻을 기다림

"하기는 마이 했는데 시험장에 가서 떨지 않고 잘해야지."
"무과 시험이 아무래도 붙기가 쉽제?"
"말이라 하나. 문과 시험을 준비하는 사람은 신동이거나 만석꾼 집안에서 태어나야 된데이. 무과가 훨씬 낫지. 니도 무과 시험 보면 우뚷노?"
"무과 시험?"
"그래. 힘든 문과 시험보다 무과 시험이 활쏘기만 연습하면 붙기 쉽다. 니는 공부는 잘 하이까네 병서 시험 준비는 누워서 떡 먹기일 끼고 활쏘기만 죽어라 해서 무과 시험 함 봐라. 언제까지 책만 붙들고 있겠노."
"나는 책이 문제가 아이고 우리 집에 나 말고는 집안을 돌볼 사람이 없다."
"그렇긴 그렇지. 그래도 앞일이 우예 될지 모르니 공부는 절대 포기하면 안 된데이. 니는 아직 어리다 아이가."

노상추는 어찌 됐든 자유롭게 과거길에 오른 달신 형님이 부러웠다. 달신 형님은 집을 떠나 장도에 오른 것이다. 노상추는 아직 과거길에 오를 준비도 못 하고 있다. 집안일을 핑계 삼아 공부를 게을리한 것도 있을 것이다.

아침 식사를 마친 후 어제 노상추가 모셔 온 김태채 의원이 아버님에게 침을 놔 드리고 부항을 떠드렸다. 노상추는 아버님이 치료받으시는 동안 줄곧 옆에서 지켜보고 있었다. 아버님은 큰 침이 들어갈 때 무척 아파하셨고 부항을 뜰 때는 표정이 편안하셨다. 의원께서는 오전에 치료를 다 하시고 떠나셨다. 노상추는 검쇠를 시켜 의원님을 말로 모셔드리게 했다.

"너무 걱정말게. 차차 차도가 있으실 것이네."
"감사합니다. 살펴 가십시오. 검쇠야, 살 모서다 드려야 한다."
"예. 그럼 떠나겠심더. 가자! 이랴!"

검쇠가 말의 고삐를 잡고 길을 떠났다. 노상추는 말에 곡식을 넉넉히 실었고 사례비도 많이 드렸다. 차도가 있을 것이라는 의원의 말에 희망을 걸어보았다. 노상추가 돌아서 집에 들어가려 하는데 멀리서 이름을 부르는 것이 들렸다.

"상추야, 상추야!"

노상추가 돌아보니 족숙(族叔)[23] 노헌이었다.

"아니 족숙 어른, 어쩐 일이십니꺼?"

"그래, 느그 아부지가 아프다는 말을 듣고 함 안 와봤나."

"마음 써주셔가 감사합니더. 들어오시소."

노상추는 대문 안으로 들어서면서 초당채에 달려가 아버지께 말씀을 올렸다.

"아부지, 지금 영해의 족숙 어른께서 오셨습니더."

"헌이가 왔나?"

"예."

"그래. 사랑채로 모셔라. 내 옷 입고 갈 끼구마. 찻상을 준비시키라."

"예."

노헌을 사랑채 안방으로 모시고 들어갔다. 노상추는 아버지의 병환에 대해 말씀을 올렸다. 노헌은 고개를 끄덕이고 있었지만, 눈알이 이리저리 움직이는 것이 마음은 다른 곳에 가 있는 것 같았다. 갓이 낡아 끝이 조금씩 삐져나와 있는 것이 눈에 띄었다. 어머니가 아버지를 부축해서 사랑채로 들어오셨다.

"아이고 형님!"

아저씨는 일어나서 아버지의 팔을 잡고 부축했다. 아버지가 자리에 앉으셨다. 아내가 찻상을 들여왔다. 어머니와 아내는 인사를 한 후 방

---

23) 족숙(族叔): 성과 본이 같은 사람들 가운데 유복친 안에 들지 않는 아저씨뻘이 되는 사람.

을 나갔다. 족숙 아저씨는 아버지에게 허리에 좋은 게 뭐가 뭐가 있다며 잔뜩 말을 늘어놓았다. 아버지는 허리가 아프신 중에도 웃음을 잃지 않으시고 끝까지 들어주셨다. 아저씨는 계속 장광설을 늘어놓았는데 옛날 할아버지께서 병마절도사가 되셨을 때 큰 잔치를 벌여 온 친족들이 몇 날 며칠을 실컷 먹고 놀던 이야기를 하셨다.

"그때 자네 조부께서는 명절이 되모 우리 집에 항상 하인을 보내셔가 곡식이며 생선이며, 과일이며, 약재며, 마, 오만 가지를 보내주셨네. 그기이 자네 조부께서 출세한 것이 다 우리 교리 할아버지(노경임)께서 청요직[24]을 지내신 덕분이라 생각하셔서 그러신 것이 아이겠능가."

노상추는 그 말을 듣고 어이가 없어서 표정을 어떻게 지어야 할지 몰랐다. 아버지는 평온한 표정으로 고개를 끄덕이시면서도 허리를 잡고 주무르기 시작하셨다. 노상추의 가문은 안강 노씨의 입향조인 노종선이 무관으로서 출사한 이래 노상추의 중시조가 되는 6대조 노경필이 한강 정구의 문하에서 학문을 익히셨고 사마시[25]까지 합격했고 이후 문산 서원에 입향했다. 노경임은 노경필의 아우로 노상추의 직계 조상은 아니다. 하지만 노경임은 서애 류성룡 하에서 학문을 익히고 대과에 급제하여 삼사 요직을 두루 거쳤고 승정원의 도승지까지 올라 안동 일대에서 안강 노씨 집안의 위상을 한껏 드높인 인물이었다. 노헌의 직계 조상 노경임은 안강 노씨 가문에서 배출한 최고의 인물임은 분명했다.

"그래, 그렇지. 교리 할아버지는 정말 대단한 분이셨지."

아버지는 말은 부드럽게 하셨으나 대화를 빨리 끝내고 싶으신지 점점 힘든 기색을 내보이셨다.

"그래서 말인데요, 제가 지금 족숙 모임에 갈라카는데 말이 좀 필요

---

24) 청요직(淸要職): 최고위 대신 자리에 오르기 전에 거치는 중요한 직책. 홍문관, 사간원, 승정원, 육소, 의정부 등에서 일하는 정3품 당하관 이하 직책

25) 사마시: 과거 시험 중 소과

해가아…….”

아하! 족숙 어른이 왜 오셨나 했더니 말을 빌리러 오신 거였구나. 노상추는 기분이 상했다. 겨우 이 말을 하려고 편찮으신 아버지를 이렇게 힘들게 했나.

"족숙 어른, 지금 우리 집에는 말이 없습니더. 아버지 허리에 침을 놓아주시던 의원이 지금 집에 돌아가시느라 지금 검쇠가 말을 끌고 나갔습니더."

"그럼, 언제 돌아오겠나?"

"빨라도 오늘 밤이거나 내일 아침이 안 되겠십니꺼."

"그라믄 내 기다리야겠다."

그때 아버지가 낮은 목소리로 말씀하셨다.

"우리 집 말은 늙고 약해서 먼 길은 몬 가네. 내일이고 모레고 안 되겠네."

그 말에 노헌은 얼굴빛이 흐려지더니 기분 상한 어조로 말했다.

"형님, 형님은 우리 집안한테 잘해야 됩니더. 조상의 음덕을 생각하믄 그까짓 말 한 필 빌려주는 게 대수겠십니꺼? 그라시믄 안 됩니데이."

노상추는 화가 치밀었다. 우리 할아버지가 병마절도사 되신 것이 어떻게 자기네 조상 덕분이란 말인가? 할아버지께서 살아계셨을 때 그렇게 얻어 쓰고 얻어먹었으면 고맙게 생각할 일이지 그게 다 자기네 조상 덕분이라니 아무리 족숙 어른이지만 어떻게 이렇게 무례한 말을 대놓고 하는 걸까? 노상추는 얼굴이 붉어졌지만 정작 아버지는 웃으시며 여유 있게 말씀하셨다.

"이보게, 우리 집안은 공교롭게도 갑술년에 할아버지 형제께서 과장(科場)[26]에서 보욕당하시고 쫓겨나셨고 아버지께서도 문과 응시를 포

---

26) 과장(科場): 과거 시험장

기하시고 무과로 합격하신 후에 천거되지 못하셔서 어려움을 많이 겪으셨데이. 그라이 자네의 말은 망발이 아니겠노. 말을 신중하게 하는 것이 좋겠데이. 아이고, 허리가 아파오는구마."

"아부지, 괜찮으싱교?"

"아, 허리가 아파온다."

"여기 바로 누으소."

"아이다. 내 방에 가서 누울란다."

노상추는 아버지를 부축해서 간신히 초당으로 모셔다드렸다. 노상추는 아버지가 의관을 벗으시는 것을 도와드리고 이부자리를 펴서 눕혀드렸다. 노상추가 밖으로 나왔을 때 노헌은 대문 앞에 서 있었다.

"형님은 좀 어떠신가?"

"잠이 드셨습니더. 아버지께서 배웅을 못 해 드려서 미안하다고 하시네예."

"알았네. 잘 있그래이."

족숙 어른은 쌩하며 대문을 열고 나갔다. 노상추는 말 한 마리 빌리러 와서 무슨 조상을 운운하는지 이해할 수 없었다. 그냥 말 한 마리 빌려달라고 했다면 아버지는 빌려주셨을 것이다. 늙고 허약한 말일지언정 아버지나 할아버지는 어려운 친척을 돕는데 돈이건 가축이건 아낀 적이 없다. 그러니 아버지가 무척 불쾌하신 것이 틀림없다. 말 한 필도 빌려주시지 않다니. 족숙 어른이 가시고 나서 노상추는 사랑방 서재에 들어갔다. 아버지가 말씀하신 것이 마음에 걸렸다.

'우리 집안은 공교롭게도 깁술년에 할아버지 형제께서 과장에서 무복을 당하셨고 아버지께서도 무과에 합격하신 후에 천거되지 못하셔서 어려움을 많이 겪으셨데이. 그러니 자네의 말은 망발이 아니겠노.'

노상추의 가문은 노경임, 노경필에 이르러 그 위세가 가장 빛났다. 당시에는 문인이자 학자로서도 명망이 높았고 관직도 가장 높이 올라이 일대에서 영남학파 최고 가문으로 자리 잡았었다. 그런데 왜 뻗어나가던 기세가 한순간에 꺾인 것일까? 아버지는 그 점에 대해 자세히 말씀하신 적은 없었다. 어릴 적 할아버지와 아버지께서 이야기하실 때 들었던 '갑술년의 화'와 '기갑록(己甲錄)[27]'이라는 책 이름이 기억났다. 노상추는 어른들이 말하고 싶어 하지 않는 바로 그 사건에 대해 궁금해졌다. 족숙 어른이 우리 아버님의 말씀 한마디에 두말하지 않고 일어나 발길을 돌리게 한 그 사건은 무엇이었을까?

  노상추는 사랑채 서고에 들어가 찾아보았다. 사랑채 서고는 일기와 책이 내용별로 분류되어 있는데 아무리 찾아도 기갑록이라는 책은 보이지 않았다. 한참 책더미와 씨름을 하다 보니 힘들어 방바닥에 드러누웠는데 사랑채 한쪽 벽에 있는 다락이 보였다. 노상추는 왠지 거기에 그 책이 있을 것 같아 다락으로 들어가 보았다. 다락에는 여러 더미의 고서들이 있었는데 귀퉁이에 자물쇠로 잠겨있는 작은 궤짝이 있었다. 노상추는 사랑방 안방으로 들어가 아버지께서 물려주신 열쇠 꾸러미를 가지고 왔다. 그중에서 한 번도 쓴 적이 없는 열쇠들을 골라 하나씩 열어보았는데 곧 자물쇠가 풀렸고 궤짝이 열렸다. 궤짝에는 '기갑록'이라고 이름 붙여진 책과 여러 서찰들, 시권 등이 있었는데 그 중 '처사(處士)[28] 월파공(月波公) 행장(行狀)[29]'이라는 글이 눈에 띄였다. 월파공은 갑술년에 화를 입으신 조상 노이익이었다. 월파공은 오늘 우리 집을 방문한 노헌의 5대조이신 노경임의 손자다. 노상추는 노경임의 형 노경필의 후손이었으니 노헌의 가계에서는 벌써 오래 전에 갈려 나왔다. 노상추의 할아버지 노계정은 노이익의 손자뻘이었고 할아버

---

27) 기갑록(己甲錄): 유생 노이익(盧以益)이 인조실록의 일부 내용에 대해 상소를 올려 일어난 정쟁에 대한 책.

28) 처사(處士): 벼슬을 하지 않고 초야에서 사는 선비

29) 행장(行狀): 죽은 사람이 보낸 일생에 대해 간명하게 적은 글.

지께서 태어나신 바로 그 해에 월파공(노이익)은 처형됐다. 노상추는 월파공의 행장부터 차례로 읽어나갔다. 그리고 당시의 상황을 어느 정도 이해하게 됐다.

월파공 노이익은 인조 19년 신사년(1641년)에 태어났다. 조부는 노경임이고 부친은 노세겸이며 모친은 의산 풍신 김씨로 참판 영조의 여식이다. 월파공은 스물셋의 나이에 육경을 꿰뚫었다고 할 정도로 학문에 뛰어났으나 회시에서 계속 떨어져 벼슬길에 오르지 못했다. 숙종 3년(1679년), 서른여덟이 되던 해에 월파는 서원에서 공부에 힘쓰고 있었다. 저녁 공부를 마치고 잠자리에 들기 전 동료인 김책이 월파공의 거처로 왔다.

"월파, 자네는 들었는가?"

"뭘 말인가?"

"괴수 송시열이 아무래도 이 나라를 뒤집어엎으려는 게 분명하데이. 자네 사관 윤의제를 아는가?"

"우찬성 윤백호 대감의 아들 아잉가?"

"그렇지. 윤의제가 작년에 적장산 서고에서 실록을 포쇄[30]하면서 읽어보이 효종께서 뇌물을 써서 세자 자리에 올랐다고 버젓이 기록되어 있었다는 기라."

"뭐라꼬? 이런 통분할 일이 있나!"

"그 기록을 작성한 사관이 괴수 송시열의 사주를 받았다 카데."

"신하가 어찌 군왕을 모욕하는 기록을 천대에 전하는 실록에 버젓이 기록할 수 있노! 이런 통단할 일이 있나! 이는 역모죄다. 송시열은 이전부터 국왕을 능멸하는 발언을 서슴지 않고 하더니 이제는 실록에까지 그런 흉악한 기록을 남겼구나! 이런 무도한 자를 온 나라가 스승이랍시

---

30) 포쇄(曝曬): 책을 볕에 말려 썩는 것을 방지하는 일.

고 떠받드니 이 무슨 망측한 일이란 말이고! 그래서 조정에서는 송시열이가 무서워서 다들 입 다물고 엎드려 있었다 카다?"

"윤의제가 분한 마음을 금할 수가 없어서 아버지 윤백호에게 고했다꼬. 윤 대감도 크게 노하셔서 송시열의 흉악한 궤계를 깨뜨리시겠다 카시면서 상소를 쓰셨는데 남인 대신들이 모두 말리는 바람에 올리지 못했다 카더라."

"아니, 모두 자기 자리만 보전하는데 급급해서 군왕이 신하에게 모욕을 당하는 꼴을 그냥 보고 있단 말이가?"

월파공은 마음속 깊은 곳에서 끓어오르는 분노를 참을 수 없었다. 김책은 연이어 말했다.

"이 문제는 효종의 정통성을 거론하는 문제라 상소를 올렸다가 자칫 조정에서 밀리면 가문이 문을 닫을 수도 있을 터. 말만 무성하게 하다가 결국 모두 입을 닫기로 했다 카네. 조정 대신들이야 모두 자기 목숨 부지하는 것 외에 다른 일엔 보아도 못 본 척, 들어도 못 들은 척하는 소인배들 아이가."

"이런 일을 오직 금상께서만 모르신다니 나라의 도가 땅에 떨어졌구마."

월파공의 말에 김책은 침통한 표정으로 한숨을 쉬었다. 김책은 월파공의 표정을 보며 망설이다가 작심했다는 듯 말했다.

"그라이 선비가 우예 가만 있을 수 있겠노? 조정이 송시열의 사사로운 당이 된 이 마당에 우리 같은 영남의 선비들이 공부를 한들 과거에 붙겠나, 과거에 붙은 들 벼슬을 받겠나? 흉악한 훈구 세력이 임금의 눈을 가리고 귀를 멀게 한다면 조정에 우리가 설 자리는 없는기라. 학문이 높은 자네가 이렇게 과거 급제를 몬 하고 있는 것도 다 따지고 보면 영남 남인이 이래 배척을 받기 때문 아이겠노. 지금 조정은 영남 남인들을 의도적으로 배제하고 있다. 그래서 말인데, 며칠 전에 영남의 유생들이 한자리에 모여서 내린 결론이……, 월파공 자네가 이 문제에 대해 상소를 써서 금상께 직접 고하는 것이 우떻겠노?"

"내가?"

"그래. 자네가 이 문제를 나서준다면 우리 모두 힘을 실어 주꾸마."

"나야 궁벽한 시골의 서생일 뿐인데 우째 실록과 같은 국사에 대해 논하겠노?"

"윤백호 대감은 원래 당색이 있는 사람은 아니었지만, 송시열과 척을 지기 시작하면서 남인 편에서 일을 하고 계시다꼬. 이런 분께서 몬 하시는 기이 있다면 우리가 해야 안 되나. 윤백호 대감 같은 분의 뜻을 받들어서 우리도 일어나야 하능 기라. 이 문제에 상소를 올릴 정도로 학문에 통달한 사람은 우리 중에 월파 자네밖엔 없다꼬. 자네 조부께서 승정원 도승지까지 지내셨고 가문에 높은 관직을 받은 조상들도 많으시니 자네가 적임자이지 않겠는가? 우리 영남 유림의 미래가 걸린 일이데이. 자네가 나서주게."

월파공은 몇 날 며칠을 잠을 이루지 못하고 이 문제를 고민했다. 김책의 말대로 잘못했다가는 가문이 문을 닫을 수도 있다. 조정의 대신들도 입을 꾹 닫고 있는 마당에 시골 서생이 나선다는 것이 맞는 일인가. 월파공은 고민에 고민을 거듭했다. 하지만 이대로 갔다가는 영남 유생들의 미래도 없다는 김책의 말이 결국 월파공의 마음을 움직였다. 공맹의 도를 따르는 선비로서 조정이 송시열의 사사로운 당으로 전락해 가는 것을 보고만 있을 수 없었다. 나라가 위기에 처했을 때 목숨을 내놓는 것이 선비다.

월파는 상소를 작성하기는 했지만 올리지는 못했다. 그로부터 이 년이 지난 1680년 서인들의 공격으로 남인들이 대거 실각하고 윤백호는 사약을 받았다. 그의 아들 윤의제는 귀양을 떠난 후 변방에서 죽었다. 세월이 흘러 1689년이 되자 송시열을 중심으로 한 서인들이 모두 쫓겨나는 일이 벌어졌고 드디어 남인들이 정권을 잡았다. 월파는 윤백호 대감의 아들들과 만나 자신이 작성한 상소를 보여줬다. 그들은 월파의 상소문을 읽고 눈물을 흘렸고 아들 융제는 말했다.

"공이 열사임을 평소에 알았습니다. 만약에 과연 이 일을 주상에게 고하여 국가의 치욕을 씻고 흉당을 쓸어낸다면 우리들은 죽어도 한이 없겠습니다."

월파의 상소는 조정에서 큰 파란을 일으켰다. 상소의 주요 내용은 송시열을 위시한 서인들이 효종을 적통으로 인정하지 않고 왕의 정통성을 부정하기 위해 사관을 동원해 소현세자의 동생인 효종이 뇌물을 써서 세자에 책봉이 되어 무리하게 왕위에 올랐다는 거짓된 내용을 실록에 적었으니, 이들을 처벌하라는 것이었다. 이 상소는 서인들의 목에 칼을 겨눈 것으로 서인들은 격분했다. 숙종은 이 상소를 읽고 인조실록을 열어서 기록을 확인해 보라고 지시하지만 대신들은 일개 시골 유생이 올린 상소로 실록을 열어본다는 것은 나라의 질서가 위협받는 일이라며 반대했다. 숙종은 재차 사실을 확인하라 지시하여 중신들은 모여 실록을 열어보기로 한다. 그러나 궁궐 내각과 각처에 소장된 인조실록에서 윤의제가 읽었던 부분 20여 자가 찢겨 있었고 대신들은 효종을 모함한 기록은 없다고 보고했다. 결국 상소는 결국 근거가 없는 것이 되었고 임금은 월파공을 유배형에 처했다.

그 후 세월이 흘러 1694년 갑술옥사로 남인이 실권하고 서인들이 집권하자 서인들은 대대적으로 정치적 보복에 나선다. 윤백호 아들들이 노이익을 내세워 흉모를 꾸몄고 선왕을 헐뜯었다며 이들을 국문에 처한다. 월파공은 혹독한 고문을 당하면서 자신은 선왕을 헐뜯은 것이 아니라 선왕을 헐뜯는 서인들을 바로잡으려 했다고 주장했다. 그러나 조정은 서인들의 것이어서 월파공은 겨우 반역죄를 면했지만, 사관을 모함했다는 죄로 처형당한다. 월파공이 처형당한 후 안강 노씨 가문은 금고에 처하여 일체 정치적 행위를 하거나 관직을 받는 일이 금지됐다.

노상추는 며칠 동안 다락방에서 여러 기록을 읽었다. 말을 빌리러 왔던 노헌의 조상 월파공 노이익은 안강 노씨 가문의 뜨거운 피를 물려받은 것이 분명했다. 조정에서는 일개 시골 유생이 풍문을 듣고 작성한 상소에 일일이 답을 할 필요가 없다며 묵살하려 했지만 결국 숙종께서 실록의 관련 기록까지 찾으라고 지시하셨고 그 기록이 칼로 베어진 것까지 확인했다. 주상께서는 분명 그 의미를 알고 계셨을 것이다. 기록이 소실된 전후 관계를 밝혀내기에 이르지 못한 것은 조정에 진출한 남인들의 정치적 힘이 약했기 때문이었다. 화가 오히려 월파공에게 미쳐 갑술년에 처형되는 지경에 이르러 안강 노씨의 가문이 큰 타격을 받았지만, 일개 유생의 상소가 그 정도의 파급력을 지녔다는 것 자체가 월파공의 기량과 기개를 보여준 것이다. 노상추는 눈물이 흘렀다. 벼슬자리 하나 없이 시골에 사는 유생일 뿐이었던 월파공이 어떻게 이렇게 대담한 상소를 올릴 수 있었을까? 무엇보다 노상추는 월파공께서 쓰신 뜨거운 글을 읽고 감동하지 않을 수 없었다.

"신은 이에 감히 전하를 위하여 통곡하고 실정을 진술하며 엎드려 비오니, 전하께서는 통렬히 살펴주옵소서. 오호라! 우리 효종대왕은 인조의 버금가는 적자이나 소현세자가 요절하여 국사에 어려움이 많았습니다. 인조대왕이 위로는 하늘의 뜻에 순종하고 굽어서는 인심을 살피며 효종을 돌아보고 총애하여 세자의 지위로써 그 정성스러운 바가 성심의 부탁과 정녕함에 있는 것은 바로 정천백일과 같이 조금도 흐림이 없으니, 어찌 터럭만큼이라도 사사로운 뜻이 있었겠습니까? 당시 집필한 사람은 뇌물로 세자의 자리를 도모한다는 거짓된 말로써 효종을 무고하였고 이를 백대에 전하는 실록에 실었으니 이런 악행이 어찌 한 나라의 사관이 할 일이겠습니까?"

노상추는 자신의 문장이 월파공에 미치지 못함을 알았다. 월파공의 문장은 참으로 곡진하면서도 힘이 넘쳤다. 이렇게 훌륭한 문장을 쓰는 선비가 그렇게 세상을 뜬 것이 슬펐다.

'우리 집안은 공교롭게도 갑술년에 할아버지 형제께서 과거 시험장에서 모욕을 당하셨고 아버지께서도 무과에 합격하신 후에 천거되지 못하셔서 어려움을 많이 겪으셨데이.'

먼 세월이 지난 지금 자세히 살펴보면 크게 출세하신 노경임 조부나 가문의 문을 닫아버린 노이익 조부나 모두 훌륭한 선비였다. 실력과 인격을 갖춘 유림이라는 점은 같았지만, 노경임 조부는 출세를 하셔서 이름을 날리셨고 노이익 조부는 처형당하고 안강 노씨 가문은 금고를 당하는 통분한 일을 겪었다. 노상추는 자신이 만약 조정에 나아간다면 누구의 길을 걷게 될까 생각했다. 출세와 영광의 길을 가게 될까, 아니면 유배와 치욕의 길을 걷게 될까. 어쩌면 두 길을 다 걷게 될지도 모른다. 영광과 치욕은 같은 얼굴의 다른 면이지 않은가. 할아버지는 이 모든 질곡을 떨쳐내고 출사하셔서 병마절도사에까지 오르셨다. 아버지는 관직에 나아가지 않으시고 평생 집안을 돌보며 사셨다. 무엇이 옳은 길인지는 노상추도 잘 모르겠다. 어떤 삶을 살아야 하는가? 노상추는 길을 잃은 것 같았다.

10월이 되어 추수가 시작됐다. 노상추는 매일 논을 돌아보며 추수하는 것을 감독했고 세금을 얼마나 내야 할까 계산했다. 추수한 곡식은 햇볕에 잘 말린 후 가마니에 넣어 곳간에 들였다. 곳간에 가마니가 들어차는 것만큼 기쁜 일도 없을 것이다. 아버지는 점을 치신 후 북서쪽이 길하다는 점괘가 나왔다며 미봉사로 가셔서 거하셨다. 그 후로 노상추는 매일 미봉사에 올라가 문후를 여쭙고 내려왔다. 추수가 거의 끝나갈 무렵 서울에 올라간 정달신 형이 증광무과에 합격했다는 소식이 들려왔다. 아버님께 말씀드리니 무척 기뻐하시며 도문연[31]에 부조를 넉넉히 하라고 하셨다. 11월 15일에는 드디어 달신 형님이 서울에서 내려왔다. 없는 살림에 서울에서 광대와 기생을 데려와 형님 집에 갔을 때는 벌써 기생이 노래를 부르고 광대가 재주를 부리며 손님을 맞이하고 있었다. 아지매는 얼굴이 눈물에 젖어 번들거리면서 계속 부엌을 왔다 갔다 하시며 음식을 내어오셨고 동네 여인들이 모두 몰려와 전을 부치고 가마솥에 고기를 삶느라 작은 집이 터져나갈 지경이었다.

"형님, 축하드립니데이. 내는 형님이 될 줄 알았십니더."

노상추는 달신 형을 얼싸안고 눈물을 흘리며 기뻐했다. 어려움 속에서도 꿋꿋하게 공부하고 결국 무관의 길에 올라선 정달신을 보며 노상추도 마음속에 큰 해가 떠오르는 것 같았다. 도문연에는 평성의 전 영암군수도 왔고 선산부사도 과일과 음식, 옷감을 보내 달신 형님의 과거 합격을 축하했다. 온 동네 사람들은 모두 모여 자기 집 일인 양 기뻐했다. 노상추는 부조로 아지매에게 쌀 한 가마니를 선물했다. 기생의 노랫가락에 맞춰 덩실덩실 춤추고 윷놀이에서 진 사람에게 얼굴에 묵으로 그림을 그리는 놀이를 하며 밤새도록 실컷 놀았다. 이렇게 좋은 일이 세상에 또 어디 있을까? 노상추는 달신 형님이 출세와 영광의 길을 걸어 아지매가 고생한 것을 갚아주길 바랬다. 과거에 합격한 이 순간은 모든 걱정일랑 접어두고 온전히 기뻐하는 것이 마땅하다.

도문연을 마치고 미봉사에 가서 아버지께 문안을 드린 후 집으로 내려왔다. 아내에게 달신 형님 도문연에 대해 말해주니 좋아했다.

"서방님도 이제 과거 길에 오르셔야 안 됩니꺼?"

"그래. 그래야지."

"서방님은 꼭 해내실 낍니더. 그란데 요즘 어무이께서 식사를 많이

---

31) 도문연(到門宴): 과거 급제자가 고향에 돌아와 축하 잔치를 벌이는 것.

하십니더."

"아니 속이 불편하다 하셔서 걱정이 많았는데 별안간 좋아지셨나? 참 고마운 일이구마."

"그게 아이고……."

"그게 아이면 뭐꼬?"

"아무래도 제가 보기엔……."

"당신이 보기엔 어떤데?"

"태기가……."

노상추는 머리를 얻어맞는 듯했다. 어머니에게 태기라니.

"의원을 모시와야 안 되겠십니꺼?"

노상추는 기쁜 생각이 들다가도 씁쓸한 생각도 들었다. 자식은 우리가 더 급한데. 아버지에게 자식이 생기다니.

"아이다. 어머님께서 말씀하실 때까지 함 보자. 아직은 잘 모른다."

노상추는 저녁을 먹고 난 후 다시 사랑채로 공부하러 갔다. 사랑채로 가는 길에 안채에 계신 어머님 방을 보았다. 어머님은 아버님 옷을 매만지고 계셨다. 사십을 훌쩍 넘은 나이에 무사히 출산하실 수 있을지 걱정됐다. 하지만 아직 모르는 일이니 조금 더 두고 보기로 했다. 큰형과 작은형은 세상을 떠났고 어머니에게는 새 자식이 찾아왔다. 동생이 생긴다니 반가운 마음도 들지만 그 동생을 키우는 일도 자신의 책임질 일인데 잘 키울 수 있을지 걱정도 된다. 노상추는 자신을 태운 말할 수 없이 커다란 운명의 바퀴가 굴러가고 있는 것을 느꼈다. 삶은 이처럼 빨리 변하는데 난 뭘 하고 살고 있는가?

"子曰; 弟子入則孝, 出則弟, 謹而信, 汎愛衆而親仁. 行有餘力, 則以學文 (자왈; 제자입즉효, 출즉제, 근이신, 범애중이친인. 행유여력, 즉이학문). 공자께서 이르시되 젊은이는 집에 들어와서는 효도하고 나가서는 공손해야 하며 신중하고 미더울뿐더러 널리 뭇사람을 사랑하고 어진 이를 가까이할 것이니 이를 행하고도 남은 힘이 있으면 글을 배울 것이다."

    삶과 죽음은 계속된다. 어떻게 살아야 할지 고민했던 노상추의 마음속에 공자가 다시 한번 방향을 정해주는 것 같았다. 젊은이는 효를 실천하고 인을 실천한 이후에 남은 힘이 있거든 학문을 하라는 글을 읽으면서 노상추는 그 모든 복잡한 생각의 미로 속에서 벗어났다. 효와 인을 실천하는 것이 먼저다.

5. 호환[32] 虎患

1764년 · 갑신년 · 영조 40년 · 1월 · 18세

계미년이 가고 갑신년이 왔다. 새해가 되자 성묘와 차례를 지내고 친척들과 동네 어른들에게 새해 인사를 다니는 일로 한참 바빴다. 아버지께서 지난해부터 미봉사에 머물고 계시기 때문에 노상추는 어머니께서 준비하신 음식과 입으실 옷을 가져다드리러 덕돌이를 데리고 절로 갔다. 아버지는 새해가 되면서 건강을 회복하셨고 허리도 많이 좋아지셔서 조금씩 거동하고 계셨다.

"그래, 새해에 어른들 인사는 다 드렸나?"

"예. 성곡, 원당리, 고남 다 다니고 두루 인사 드렸십니더. 나들 건강하시고 별고 없으십니더."

"아촌에 사시는 느그 형 외삼촌들께도 인사드렸드나?"

"하모요. 아직도 큰어머니 말씀 많이 하시고 큰형 일을 많이 마음 아파하십니더."

---

32) 호환(虎患): 호랑이에게 당하는 화.

"그래. 큰형이 없으니 니라도 가서 인사드려야 안 되겠나. 수고가 많았다."

"아입니더. 제가 당연히 해야지예. 작년 큰형 소상 때도 와주셔서 고맙다 아입니꺼."

"그래, 그래. 느그 큰어무이 세상 뜬 지 오래고 큰형까지 그래 됐다 캐서 남이라 카믄 되겠나. 니가 안부를 여쭙고 예를 다하는 기이 도리니라. 그라고 송산에 최진사한테도 갔드나?"

"예. 며칠 전에 찾아 뵙고 그때 아부지 허리 약으로 쓴다꼬 빌렸던 드렁허리 다 갚아드렸십니더. 그란데 마 집에 돌아오는 길에 새로 경상도 관찰사가 부임한다꼬 나루터에 배가 안 다니가아 관찰사 행차가 다 지나갈 때까지 나루터에서 꼼짝도 몬 하고 한나절 내내 붙잡혀 있었다 안 합니꺼."

"아, 새로 관찰사가 부임했구나. 관찰사나 수령 행차가 있다 칼 때는 그냥 주막에 들어가아 자는 게 상수니라. 괜히 빨리 갈라 캤다가 수령한테 책잡히면 골치만 아프다. 그란데 이름이 뭐라 하도?"

"성명이 정존겸이라 카데예. 13일에 부임한다 캅디더."

"그렇구마. 이제 곧 느그 형 대상이제?"

"예, 이번에는 우짜실랍니꺼?"

"이번에는 갈끼다."

"아, 그라실랍니꺼?"

노상추는 큰형 2주기 제사에 아버지께서 오신다는 말에 기뻤다. 이제 아버지도 슬픔을 떨쳐비리시고 기운을 차리시는 거다. 오늘 뵈니 아버지께서 거동하시는 모습이 더 좋아 보인다.

"아부지, 오늘 뵈니까네 허리 병도 많이 나으신 것 같십니더."

"그래, 내 이제 마이 나았다."

"다행입니더. 아부지께서 건강을 회복하시는 걸 보이께네 우리 집안도 이제 다시 일어선다 아입니꺼."

"그래. 그래야지. 요 몇 년 니도 참 고생 많았는데 이제는 좀 나아지지 안컸나."

"하모요. 이부지도 이제 조금 있으시면 자식을 보신다 아입니꺼. 기분이 좋으시니 건강도 좋아지시는 기지예."

아버지는 머쓱한 듯 얼굴을 붉혔다. 허리가 아파 고생하고 계시지만 뜻밖에 어머님의 임신 소식에 아버지는 놀라시면서도 기쁜 표정을 감추실 수 없었다. 새로 태어나는 자식을 위해서라도 힘을 차려야겠다 생각하셨는지 요즘은 식사도 열심히 하시고 약도 잘 드신다.

"그래. 이제 자리 털고 일어날란다."

"그라시야지요. 그라시야지요. 올해부터 하실 일이 더 많으십니더."

"와? 또 먼일이 있나?"

아버지는 궁금하신 표정을 지었다.

"아부지, 이제 손자 보시게 생겼십니더."

"머라꼬?"

아버지의 얼굴은 순간 정월 대보름달처럼 밝아졌다.

"손자를 본다꼬?"

"야!"

"아이고, 그기이 참말이가?"

아버지는 노상추의 손을 잡고 기뻐하셨고 눈에 눈물이 맺히셨다.

"니캉 내캉 올해 자식을 보게 됐다 이 말이제."

"그렇십니더. 아부지 올해에 자식도 보시고 손자도 보시게 됐십니더."

"언제 알았노?"

"며칠 전에 의원이 와서 진맥 짚었는데, 아아가 들어섰다고 캅니더."

"아, 그래? 그라믄 확실하구나. 잘했다, 잘했어. 며늘아기 식사는 잘

하고 있나? 느그 애미 맹키로 힘들어 안 하나?"

"아입니더. 입덧도 별로 없고 잘 지내고 있십니더."

"내가 느그 애미가 아를 가졌다고 했을 적에 참으로 니 얼굴을 볼 면목이 없었는데 이제 며늘아기가 아아를 가졌다 카이 내 참말로 기쁘구마."

노상추는 모처럼 아버지 얼굴에 환한 웃음꽃이 피는 것을 보고 행복했다. 말씀은 하지 않으셨지만, 손자 소식이 없어 걱정을 해오셨다. 노상추도 기다리고 기다리던 자식 소식에 하늘을 날 듯 기뻤다. 큰형이 죽고 고모님이 돌아가시면서 무너져 내렸던 두 남자의 마음이 다시 힘차게 소생하고 있었다.

"처가댁에는 검쇠를 보내서 알려드렸십니더. 장인께서 편지를 보내오셨는데 정말 기쁜 소식이라며 좋아하셨십니더. 한번 댕겨가라고 하시데예."

"그래, 이렇게 힘들게 아이를 가졌는데, 가서 인사드리고 오니라. 그라믄 며늘아기도 같이 가나?"

"아입니더. 아직 조심해야 된다 캐서 집에서 조리하고 있다가 봄 되고 날씨가 따뜻해지믄 제가 델고 갈라꼬요."

"그래, 그래라. 아아를 가지모 보는 것도 좋은 것만 보고 먹는 것도 좋은 것만 먹어야 하느니라. 느그 어무이랑 니 안사람, 잘 돌봐주거라."

"예, 그라믄 아부지도 이제 집으로 들어오실랍니까?"

"아이다. 새해 들어 주역 점을 쳐보이께네 아직은 집에 들어갈 괘가 아이더라. 쪼매 더 보고 히리가 괜찮다 싶으면 느그 형 대상 지내고 나서 널리 유람이나 댕기 올란다."

"그것도 좋겠네예. 그라이소."

노상추가 아버지께 인사를 드리고 방을 나오니 딕돌이가 재빨리 와서 노상추의 신을 댓돌 위에 가지런히 놓았다. 해지기 전에 집에 당도

하려고 발걸음을 서두르는데 덕돌이가 뒤따라오면서 말했다.

"저그, 저그, 대련님요, 스님들이 카는데요……."

"스님들이 뭐?"

"며칠 전에 한 스님이 문경새재를 다녀오시다가 산에서 커다란 호랑이 발자국을 봤다 캅니다."

"머? 호랑이 발자국?"

"야! 마 발자국이 하도 커가아 진짜로 맞닥뜨리면 그 자리에서 물려 죽기 전에 무서버가 죽겠다고 합디더. 마, 마, 발자국이 엔간한 장정 얼굴보다 더 크더랍니더."

"그게 호랑이 발자국인지 뭔지 우예 안다 카도? 우리 동네는 산이 낮아가아 호랑이는 몬 산다."

"진짜라 카던데요."

"시끄럽다아. 집에 가서 호랑이 소리는 입 밖에 꺼내지도 말아라."

정월 16일에 큰형 대상을 위해 궤연이 차려졌다. 큰형의 외삼촌 형제도 오셨고 외가, 친가 친척들이 모두 오셨다. 노상추는 형의 궤연[33]을 지키며 친척들의 문상을 받았고 형수가 나서서 손님들 대접하는 일을 맡아 했다. 어머니는 몸이 점점 무거워지시는지 나오셨다가도 이내 들어가 쉬시곤 했다. 아내도 아직은 조심스러워서 방에 머물렀다. 저녁 식사가 다 끝나도록 아버지는 오지 않으셨다. 어머니는 왔다 갔다 하시면서도 계속 아버지가 오시는지 대문 밖을 들락날락하셨다.

"저녁은 안 드실랑가, 아부지는 와 안 내려오시노?"

밤이 깊어 지고 자시가 다 되어가자, 어머니가 답답한지 자꾸 노상추에게 와서 물었다.

"아부지 분명히 오신다 캤나?"

---

[33] 궤연(几筵): 혼백이나 신위(神位)를 모신 자리와 그에 딸린 물건들.

"오신다 카셨으이 오시겠지요. 좀 기다려 보이소."

"이제 곧 제사를 지내야 되는데 마, 안 오실랑갑다."

사랑채에는 조문객들과 노상추, 희증이, 술증이, 동생 완복이가 제사를 드릴 준비를 하고 있었다. 노상추도 제사를 시작해야 할지 말아야 할지 고민하고 있는데 말의 발자국 소리가 들리며 말고삐를 쥐고 오는 검쇠 목소리가 들렸다.

"오셨심니더. 주인마님 오셨십니더."

상복을 입은 아버지가 드디어 문을 열고 집으로 들어오셨다. 제사를 지내기 위해 나와 있던 친척들이 모두 아버지를 반겼다. 아버지는 멋쩍은 표정을 지으며 궤연으로 나아가 곡을 하셨다.

"아이고, 아이고, 아이고……. 아들아, 아들아, 아이고, 아이고, 이제 부디 좋은 곳에 가거라. 아이고, 아이고, 아들아……. 아이고, 아이고, 이젠 편히 쉬어라……. 아이고, 아이고……."

아버지의 곡소리를 들으며 노상추는 눈물이 솟구쳤다. 명민하고 늠름했던 큰형을 아버지께서 얼마나 의지하셨던가. 자식을 앞세운 아버지의 슬픔을 어찌 헤아릴 수 있겠나 생각하니 노상추의 마음은 찢어지는 듯했다. 작년 아버지께서 형의 첫 기일을 앞두고 슬픔을 이기지 못해 여행을 떠나셨지만 이번에는 아버지께서 제사를 주제하시니 이제는 그 슬픔도 조금씩 씻기어 가고 있었다. 제사가 끝나고 아버지는 직접 궤연을 걷으셨다. 식사를 모두 마친 후에 아버지는 오신 손님들을 일일이 배웅하고 인사하며 감사의 뜻을 전했다. 모두 떠난 후 우리 집 식구들은 상복을 벗었다. 아버지는 집안을 한번 둘러보시고 식구들을 한자리에 불러서 말씀하셨다.

"떠날 사람을 잘 떠나보냈으니 새로 올 사람을 잘 맞이해야 하겠구나. 올해에는 느그 어무이랑 머늘이기가 무사히 출산을 마칠 때까지 모두 말과 행동을 조심하그라. 난 아직 집에 들어올 때가 되지 않았으니

다시 산사로 들어가겠다."

 아버지는 완복이와 함께 산사로 돌아가셨다. 말을 타고 떠나시는 아버지의 뒷모습이 이젠 덜 힘들어 보였고 노상추의 마음도 한결 가벼워졌다. 아버님 말씀대로 형은 이제 보내드렸고 동생과 자식을 맞이해야 한다. 슬픈 마음을 간직한 채 노상추는 새로 펼쳐지는 미래를 온 마음을 다해 맞이하기로 했다.

 이월 첫날이 됐다. 이제 본격적인 농사일 시작을 앞두고 노상추는 어머니께 물었다.

 "어무이, 이제 아아도 태어나는데 어무이 방이 좀 찹다 아입니꺼. 괘안켔능교? 하인들이 아직 덜 바쁠 때 한번 손을 볼까예?"

 "안된다. 큰일 날 소리를 하는 구마. 아를 배태한 사람이 있는 집은 절대 수리하는 기이 아이다. 옛말이 안 있나. 부엌을 손대면 아아가 입이 언청이가 돼서 나오고 문풍지를 바르면 아아가 말을 몬 하거나 배에서 안 나와가 고생한단다. 방구들에 고래³⁴⁾를 후비면 아 목젖이 없이 나온다 안하나. 아 들어섰을 때는 집수리하는 기이 아이다."

 "아, 그라는 깁니꺼?"

 "느그 큰형 살아있을 때도 그래 안 했나. 느그 형수가 술증이 희증이 낳을 때도 그래 했다."

 "내가 그때 어려가아 잘 몰랐심더."

 "니도 이제 가장 아이가. 잘 알아 두어야 한데이."

 "알겠심더. 큰일 날 뻔했네예."

 집안 머슴들은 새해 농사를 위해 농기구도 손질하고 새로 소도 두 마리 사서 부지런히 소죽을 끓여 먹였다. 2월에 노상추는 처가에 가서 며칠 묵으며 처가 친지들에게 모두 인사드렸다. 장인과 장모님은 물론이

---

34) 고래: 방의 구들장 밑으로 나 있는, 불길과 연기가 통하여 나가는 길.

고 인근에 사는 친지들도 모두 기뻐하셨는데 특히 할머니와 할아버지께서 기뻐하셨다. 장모님은 처를 친정에 보내달라고 하시며 잘 돌봐주고 싶다고 하셨다. 노상추도 처음 갖는 아이니만큼 처가 친정에서 쉬면서 편안하게 태교에 전념하도록 하겠다고 약속드렸다. 자식이 태어나는 것처럼 기쁘고 경사스러운 일이 또 있을까. 내 뒤를 이을 후사가 생긴다는 것이 참으로 감격스러운 일이었다.

좋은 소식은 연이어 오는 것인지 이월에는 영당의 유사로 권점 받았다는 통문을 받았다. 나이도 어린 자신이 이런 직책을 맡아도 되나 싶었지만 주어진 책무이니만큼 열심을 다하여 영당에 나가 분향을 하고 제사를 올렸다. 삼월에는 선산 부사의 부탁으로 마을 여제(厲祭)[35]의 헌관을 하게 됐다. 노상추는 여제를 지내기 전 찬물로 목욕하고 술과 고기를 삼가면서 재계했다. 여제를 지내는 날 비봉산 향교에 가니 선산 부사와 아전들, 그리고 제관들이 모여 있었다. 제관들이 제사 음식을 진설하는데 보니 제수로 쓰이는 사과와 배가 곶감만 해서 너무나 볼품이 없었고 포와 식해는 생략되어 있었으며 세 명의 헌관이 술과 함께 올리는 적은 원래 간적, 닭고기적, 생선적으로 세 차례 올려야 하는데 생선적 한 가지뿐이었다. 선산 부사가 읽는 축문의 문장도 온 마음을 다하여 쓰지 않고 그저 관례에 따른 글이어서 맥아리가 없었다. 여제란 원래 억울하게 죽은 영혼이나 제사를 지내줄 이 없이 죽은 불행한 귀신들을 위한 것인데 귀신들의 마음을 얻기에는 턱도 없었다. 노상추는 조상에게 드리는 제사에 온 마음과 정성을 다하는 안강 노씨 집안에 비해 자기네 집 제사 아니라고 너무나 허술하게 여제를 드리는 선산 부사와 아전들에게 실망했다. 이렇게 정성이 없어서야 여귀들이 더 날뛰어 전염병이 돌고 마을에 재앙이 미치지 않을까. 노상추는 나서서 한소리 하

---

35) 여제(厲祭): 나라에 역질이 돌 때에 여귀에게 지내던 제사. 봄철에는 청명에, 가을철에는 7월 보름에, 겨울철에는 10월 초하루에 지냈다.

고 싶었지만 꾹 참고 술을 바치는 헌관의 임무를 무사히 마쳤다. 여제를 마치고 음식을 나눠먹은 후 집으로 돌아오는 길에 아랫마을에 사는 김 생원과 함께 오게 되었다. 김 생원은 삼십 대 중반의 선비로 어려운 살림에도 과거 시험에 응시하고 있었다.

"상추 자네, 요즘 이 동네에서 난리 난 일을 들었나?"

"무신 일이 있었습니꺼?"

"저 아래에 있는 웅곡에서 미봉사의 한 승려가 호랑이한테 물려 죽었다 카더라."

"예? 그기 참말입니꺼?"

"그래에. 승려 머리가 반이 날아가고 한쪽 어깨도 뜯기 나아가 없더라는 걸 보믄 마 보통 큰 놈이 아닌 기라. 그 승려가 물린 것을 보면 호랑이는 황소보다 더 큰 것 같다고 하더라꼬."

"그런 호랑이는 우예 잡아야 합니꺼?"

"그렇게 큰 호랑이는 마 장정이라도 혼자로는 안 되고 여러 사람이 모여서 마 함정에 빠뜨리든지 덫으로 잡은 후에 화살을 쏴서 죽이야 된다 카더라."

"그라믄 마 이 일을 우예야 됩니꺼? 호랑이를 잡아야 안 됩니꺼."

"지금 선산 부사가 경상도 관찰사에게 포수를 보내달라 캤다 카더라꼬. 지금 선산 부사가 똥줄이 탔다. 선산에서 사람이 죽어 나가든가 하믄 조정에서 마 부사 자리도 뺏아뿌린다. 그라이 몇 년간 안 지내넌 여제를 다 지내고 저 난리 아이가. 지금 동네 민심이 말이 아잉기라. 저 아래에 웅곡 마을에서는 밤에 호랑이가 어흥 어흥 하는 소리가 들린다 카더라."

"포수가 언제쯤 올까예?"

"글세, 마, 며칠 안에는 안 오겠나. 그란데 그 호랑이가 동에서 번쩍, 서에서 번쩍하는 갑던데 이 넓디넓은 산에 우데 가서 잡겠노?"

"우리 동네는 산이 낮아 가 호랑이는 안 나오는 줄 알았심더."

"이 동네는 원래 호환을 입는 곳은 아인데 요즘 갑자기 그라네에. 우짜든동 자네 집 하인들 조심시키고 어린 아아들 산에 올라가지 몬 하도록 단속 잘하게. 나도 우리 집 아랫것들에게 되도록 산에 올라가지 말라꼬 단디 일러두었네."

지난달 덕돌이가 한 말이 맞았구나. 노상추는 아직 호랑이를 본 적도 없고 호랑이로 피해를 입어 본 적도 없어서 호랑이에게 물려 죽었다는 말이 놀라웠지만 실감할 수는 없었다. 호랑이가 나타난다면 어떻게 대적해야 할까? 아무리 생각해도 방법이 없는 것 같았다. 궁궐의 착호갑사라도 와서 호랑이를 죽여주기를 바라는 수밖에.

작은형의 기일에 제사를 지낸 후 처가로 아내와 떠났다. 노상추는 말을 탔고 아내는 가마를 타고 뒤따라왔다. 아침에 떠날 때는 날이 흐리다가 잠시 비가 왔지만 이내 그쳤다. 날씨가 궂으면 아내가 고뿔이라도 걸릴까 걱정했는데 비가 금방 그쳐서 다행이었다. 안곡에 도착하니 처가에서 보낸 하인들이 말과 함께 기다리고 있었다. 우리 집 하인들과 말은 돌려보내고 처가 말과 가마로 바꿔타고 갔다. 처가에 도착하니 장모님과 장인어른이 문 앞에 나오셔서 맞이해 주셨다. 아내는 장모님을 안고 연신 눈물을 흘렸다. 아내는 친정에 오니 집에서 보지 못했던 환한 웃음을 지었고 비로소 마음이 편한지 큰 소리로 웃고 이야기했다. 집에서는 항상 말이 없고 점잖았는데 친정에 와서 처남과 처제들을 만나니 어린아이처럼 밝아졌다. 노상추는 그동안 시집살이로 마음이 고됐구나 생각하니 아내가 애처로웠다. 아내는 체격도 여자치곤 큰 편이고 기상이 높아 노상추는 항상 든든하게 생각해 왔다. 하지만 오늘 저렇게 해맑게 웃고 떠드는 것을 보니 원래 성격은 저렇게 밝고 쾌활했다는 걸 알았다. 그동안 따뜻하게 위해 주지 못했던 것이 미안했다. 노상추는 처가에서 하룻밤 자고 다음 날 혼자 떠났다.

"서방님, 그라믄 다음 달 칠 일에 안곡으로 하인들과 말을 보내주시는 걸로 알겠십니더."

"부디 몸조심하고 마음 편하게 있다가 오시오. 그동안 시집살이하느라 고생 많았소."

"아입니더. 저는 시집에서도 마음 편하게 지냈습니더."

"그렇게 말해주이 고맙소. 그럼 난 가겠소."

집에 돌아온 후 큰형의 담제까지 지내고 나니 비로소 마음이 정리가 되는 것 같았다. 3월 19일에는 목화밭에 가래질을 하고 파종했다. 올해 목화 농사를 잘 지어서 새로 태어나는 동생과 아이가 쓸 기저귀나 이불을 만든다고 생각하니 신이 절로 나서 여종들에게 일꾼들 새참과 점심을 넉넉하게 갖다 주라고 일렀다. 큰형 담제 후 아버지도 미봉사를 떠나 태백으로 유람을 떠나셨다. 겨우내 떠나갔던 제비가 다시 돌아와 지저귀고 땅을 뚫고 올라오는 싹들과 고목에서 피워내는 푸른 눈이 노상추의 마음을 들뜨게 했다. 4월이 되자 달신 형님과 형님 아우 택신이, 상택 아재, 서재종숙(庶再從叔)36) 노윤과 함께 금오산에 놀러 갔다. 노상추는 덕돌이에게 시켜 말에 양식과 술, 안주 거리를 싣게 해서 따라오게 했다. 달신 형님은 요즘 마음에 여유가 생긴 듯 안색이 좋았다.

"형님, 과거 시험에 붙고 나니 안색이 좋아지셨습니더."

"말도 마라. 과거 시험에 붙고도 몇 년을 노는 사람이 허다한데 너도 알다시피 우리 집이 그럴 여유가 없잖나. 다음 도목정사(都目政事)37)에는 꼭 천거가 되어야 할 터인데 걱정이다, 걱정."

"뭐가 걱정입니꺼? 이제 마 마음 편하게 생각하이소. 관운은 열릴 때가 되면 열린다 아입니꺼."

---

36) 서재종숙(庶再從叔): 서출 출신의 아버지 육촌 형제
37) 도목정사(都目政事): 이조·병조에서 벼슬아치의 치적을 심사하여 면직하거나 승진시키던 일.

"니는 마 세상 다 살아본 사람처럼 말하네. 니도 함 닥쳐봐라. 사람 마음이 그란가아. 이제 한양 왔다 갔다 하기도 지겹다. 우리 어무이는 마 지난번 도문연하다가 빚을 너무 마이 써가아 요즘은 더 고생하신다."

그 말을 듣고 있던 노윤이 말했다.

"내사 마 도문연을 벌일 팔자가 되믄 빚쟁이한테 모가지를 내준다 캐도 원이 없겠다."

노상추가 말을 보탰다.

"하모요. 아지매는 빚을 내도 기분은 좋다 아입니꺼."

상택 아제가 말했다.

"달신아 니가 이제 관직에 오르시면 다 해결된다 아이가. 오늘은 마 이런저런 생각 다 그만 하고 금오산 경치나 실컷 구경하고 상추가 가져온 고기나 실컷 구바 묵자. 아이 그란데 이기 머꼬? 빗방울이가?"

금오산에서 경치를 구경하며 맛있는 고기를 구워 먹으려고 했던 계획은 비가 내리고 구름이 끼어서 한 치 앞도 보지 못하게 되어 수포가 되고 말았다. 진남사에 들러 비를 피하고 하룻밤 묵었는데 다음 날이 되어도 비가 개지 않아 노상추와 정달신, 노윤은 경치 구경은 포기하고 산을 내려왔다. 상택 아재와 택신이는 아쉬운지 금오산에 더 머물렀다. 노상추와 정달신, 노윤은 평성의 안산지라는 연못에 도착해 그 옆에 있는 활쏘기 터로 갔다. 거기에는 한량들이 활을 쏘고 있었는데 실력이 영 형편없었다. 노상추와 일행이 쳐다보는 것을 보고 머쓱한지 활을 챙겨 가버렸다. 그런데 활터 위에 있는 산에서 아이들이 토끼와 꿩을 손에 잡고 내려왔다. 노상추는 지나가는 아이들에게 물었다.

"그 토끼랑 꿩은 느그들이 잡았나?"

"예."

"활로 잡았드나?"

"예."
"그래. 한 번에 잡은 걸 보이 활을 아주 잘 쏘네. 이름이 머꼬?"
"지는 웅곡에 사는 심재길이라합니더."
"지는 같은 동네에 사는 남기철입니더."
"나이는 몇이고?"
"올해 열하나입니더."
"동갑이가?"
"예."
"요즘 산에 마이 댕기나?"
"예, 이렇게 짐승 잡아다가 갖다 주믄 어무이가 좋아하십니더. 고기는 묵고 토끼 같은 건 가죽을 벗겨서 팝니더."
노윤이가 꿩과 토끼를 보며 신기하다는 듯 말했다.
"요즘엔 또 멀 잡았드노?"
"어저께는 호랑이도 잡았십니더."
"뭐? 호랑이?"
노상추는 코웃음을 쳤다.
"호랑이가 느그한테 잡힐 것 같지는 안한데."
노윤이 말했다.
"진짭니더. 호랑이는 호랑인데 새끼 호랑이였습니더."
"참말입니더. 호랑이 새끼가 네 마리나 저 아래 산 동굴 앞에 있었심더. 그래서 우리가 활로 다 잡았십니더."
노상추는 갑자기 무서운 생각이 들었다. 달신 형님이 물었다.
"애미 호랑이가 주변에 있었을 것 같은데 못 만났드나?"
"저희도 호랑이 새끼들을 집에 가져와가아 가죽 벗겨서 팔라 캤는데 멀리서 호랑이 울음 소리가 들리는 것 같아서 다 버리고 무작정 도망쳤심더."

달신 형님이 진지하게 말했다.

"호랑이는 잡는 사람이 따로 있다. 호랑이를 잡겠다고 이런 활로 달려들었다가는 그대로 황천길이데이. 호랑이를 잡는 사람을 착호갑사라 칸다. 한양에 궁궐 뒤에 있는 인왕산에서 호랑이가 내려와 가아 궐 안으로 들어오는 일이 종종 있다꼬. 그때 아무나 가서 잡는 기이 아이고 호랑이 잡는 포수나 군인이 따로 있어가아 그 사람들이 잡는다. 호랑이는 아무리 급소를 맞아도 화살 한 방으로는 절대 안 죽는다. 여러 발을 동시에 맞든가, 급소에 맞아야 죽는다. 워낙 크고 빨라서 궁궐에 있는 착호갑사라도 호랑이 사냥하다가 많이 물려 죽는다꼬."

"포수도 죽습니꺼? 총으로 그냥 쏴 뿌리면 안 됩니꺼?"

"총도 멀리서 쏴뿌리면 소용없고 가까이 왔을 때 심장이나 머리 같은 급소를 정확히 쏴야 죽는다. 죽은 줄 알고 옆에 갔다가 물려 죽은 사람도 많데이."

"아따 달신이는 마 무과 시험에 붙어가아 그란지 잘 아네."

노운이 싱글벙글 웃으며 말했다. 두 남자 아이는 깜짝 놀라 말했다.

"무과에 급제하싰다꼬예?"

"나리 마님이시네예. 몰라봤십니더. 용서해주이소."

"나리 마님이 아이고 내는 그냥 선달이다. 정선달!"

정달신이 웃으며 말했다.

"선달님, 잘 봐주이소."

노상추는 아이들의 모습을 보고 웃다가 정달신에게 말했다.

"저녁 때가 되어 가니 내려가입시더. 오늘은 이 동네 주막에 들어가 사고 내일 집으로 떠나입시더."

"그래, 그라자."

"야들아, 이 동네에 주막이 우데 있노?"

"따라오이소. 모시다 드리겠십니더."

노상추와 정달신, 노윤은 두 아이들을 앞세워 주막으로 갔다. 멀리 강 옆에 주막이 보였다. 그런데 주막 안이 시끌벅적한 것이 난리가 난 것 같았다. 가까이 가서 보니 사람들이 모여 웅성웅성했다. 노상추와 일행이 주막에 들어서니 사람들이 모두 정신이 나간 듯 보였다. 그 때 주막의 여비가 활 쏘는 두 아이를 보고 튕기듯 와서 부들부들 떨며 말했다.

"재길아, 재길아, 이 일을 우야노, 우야노!"

공포에 질린 여비의 얼굴을 보고 사태가 심상치 않음을 알았다. 심가 아이가 말했다.

"와요? 와 그랴요? 무슨 일 있능교?"

"느그 집에, 느그 집에……."

재길이는 그 말을 듣자 마자 쏜살같이 뛰기 시작했다. 기철이라는 아이도 재길이를 따라 뛰어갔다. 여비는 주저앉아 울기 시작했다. 노상추는 주막 안으로 들어가 주모에게 물었다.

"무슨 일이오?"

"시상에, 시상에……. 저 아아 집에 오늘 새북에 호랑이가 들어와가아 간장독 다 깨뜨리고……, 소도 물어 죽이 뿌고, 재길이 애미랑 할매를 물어 죽여 뿌렀십니더."

"뭐라꼬오?"

"지금 이 웅곡 일대에는 난리가 났심더. 지금 관아에서 포수들을 풀어가아 호랑이 잡는다꼬 난리법석이고 지금 동네 사람들은 전부 집에 들어가 방문 걸어 잠그고 있심더."

노상추는 심장이 벌렁거려서 숨이 쉬어지지 않았다. 달신 형님이 심각한 표정으로 말했다.

"그라믄 우리도 움직이지 마고 여기서 기다려 보입시더. 호랑이가 날뛰고 있는데 우델 다니겠겠십니꺼. 포수가 잡으러 다닌다 카이 곧 잡겠지요."

"호랑이가 또 나타나겠나? 호랑이는 바람처럼 빠르다는데 어디든 도망가뿌리지 또 오겠나?"

노윤이 물었다.

"왠지 다시 올 것 같은 생각이 드는데요."

달신 형님이 말했다.

"와요?"

노상추가 눈을 동그랗게 뜨고 말했다.

"아무래도 어제 새끼를 잃은 호랑이 애미가 복수하러 온 것 같다 아이가."

노상추는 머리칼이 쭈뼛 서는 것 같았다.

"설마 그라겠십니꺼? 호랑이가 무슨 수로 저 아아들 집을 알겠십니꺼? 사람도 아닌데."

"호랑이는 영물이다. 산에 사는 사람들은 호랑이를 산군님이라 부르면서 섬긴다. 호랑이는 사람들이 쳐놓은 덫에도 잘 안 걸릴 정도로 영물이다. 지 새끼 죽인 놈들을 몬 찾아내겠나. 쟈들 냄새 다 맡아놓고 있었다."

노상추는 기가 막힐 뿐이었다. 호랑이가 그렇게 무서운 동물인지 몰랐다. 그날 밤 놀랍게도 밤새도록 호랑이의 울음소리가 동네에 울려 퍼졌다. 새끼를 모두 잃은 어미 호랑이의 울음소리는 동네 전체를 공포에 떨게 했다. 한 놈도 남기지 않고 다 물어 죽이겠다는 협박 같기도 했고 죽은 새끼를 찾는 슬픔의 울부짖음 같기도 했다. 그 무서운 울음소리에 노상추와 정달신, 노윤은 한잠도 자지 못하고 주막의 봉놋방에서 밤새 떨었다. 그러다가 새벽녘에 커다란 총소리가 들렸다. 셋은 깜짝 놀라 일어섰다. 다시 총 소리가 들렸다.

"들었나?"

"들었심더. 총소립니더."
"잡았나? 잡았나?"
갑자기 밖에서 포졸들이 움직이는 소리가 들렸다. 포졸들의 발소리와 함께 주변에서 사람들이 외치는 소리가 들렸다.
"호랑이를 잡았다. 호랑이를 잡았다."
노상추는 벌떡 일어나 말했다.
"형님, 호랑이를 잡았답니더. 같이 가 보입시더."
"가긴 우델 가노. 내는 안 갈란다. 느그끼리 가보그라."
노윤이 말했다. 정달신은 일어나 방문을 열고 밖을 내다봤다.
"두 방을 맞았시믄 호랑이도 지금쯤은 죽었을 끼다. 상추야, 함 가보자."
멀리서 해가 뜨고 날이 밝고 있었다. 노상추는 정달신과 함께 사람들을 따라 걸어갔다. 동네 안쪽으로 들어가 보니 열 몇 채 정도 옹기종기 모여 있었는데 그 중 한복판에 있는 집에 사람들이 새카맣게 모여 있는 것이 보였다. 여기저기서 사람들이 곡소리를 내고 있었다.
"아이고, 아이고, 우짜노, 우짜노……."
노상추는 사람들을 비집고 들어가서 울타리 나무 너머로 벌어진 참상을 목도했다. 초가집 마당에는 집주인으로 보이는 남자와 여자가 피를 흘린 채 누워 있었고 그 옆에는 어제 만난 재길이와 기철이도 있었다. 재길이와 기철이는 손에 활을 든 채 누워있었는데 그 옆에 포수로 보이는 자도 엎어져 있었다. 또, 안채 방문이 활짝 열려있었는데 그 안에 작은 아이의 발이 보였고 그 너머로 호랑이의 몸이 보였다. 호랑이는 총을 맞고 누워있었다.
"호랑이 좀 보래!"
울타리 담 너머로 삼삼오오 모여 덜덜 떨며 있던 동네 남정네들이 마구 떠들었다.

"저 호랑이가 글쎄 오늘 새북에 이 남가네 집으로 와서 마당에서 일하던 남가랑 남가 댁이도 그 자리에서 물어 쥑이고 소도 물어 쥑있다. 그 소리를 듣고 재길이네 집에 있던 기철이랑 재길이가 와서 화살을 쏠라 캤는데 저 호랭이가 그 자리에서 그 아이들도 다 물어 쥑이삔기라. 그라고 있는데 포수가 와 가아 호랑이를 쐈는데 호랑이가 총을 맞아도 죽지도 안하고 그 포수도 물어직이 뿌렸어. 얼마 안 있어서 포수가 몇 놈 더 뛰어 왔는데 아 이 호랑이가 글쎄 남가네 방 안에 들어가서 울부짖으면서 안 나오는 기라. 그래서 포수들이 마당에서 총을 또 쐈어. 그러더이 저래 조용해 졌다아."

"죽었는가아?"

"죽었겠지. 총을 두 방이나 맞았는데."

"저 호랑이가 방에는 와 기이 들어가노?"

"미쳐 날뛰는 호랭이 심사를 낸들 알겠나?"

노상추와 정달신은 울타리 가까이 다가가 보았다. 포수 둘이 방안을 향해 총신을 겨누고 있었다. 집 앞에는 포졸들이 깔려 있었다. 모두들 숨을 죽이고 있을 때 선산 부사가 아전들과 함께 달려왔다.

"어찌 됐는가?"

선산 부사가 물었다.

"죽은 것 같습니데이."

포졸 하나가 말했다.

"간밤에 호랑이에게 당한 사람은 누군가?"

"남가네 식구들과 포졸 한 명이 죽었심더."

다른 포졸이 말했다.

"호랑이가 자기 발로 방 안으로 들어가는 바람에 포수들이 총을 쏠 수 있었습니더."

"호랑이를 끌어내라."

부사가 명했다.

부사의 명령에 포졸들이 방 안에 들어가려 마루에 들어서는 순간 갑자기 호랑이가 눈을 번쩍 뜨더니 산이 울릴듯 포효했다.

"어흥!"

그 소리에 모두 놀라자빠져 사람들은 도망쳤다. 노상추도 몸을 움찔했지만 호랑이는 이미 몸을 움직이지 못했다. 뒤이어 포수가 다시 총을 쐈다.

"타앙!"

"쿵!"

호랑이가 머리를 떨구는 소리가 천둥 소리 같았다. 호랑이가 완전히 죽은 것을 확인한 포수들은 모두 호랑이에게 달려들어 방안에서 마당으로 끌어냈다. 호랑이는 동네에서 제일 큰 소보다 더 컸다. 엄청난 호랑이의 머리 크기를 봤을 때 호랑이가 한번 입을 벌리면 장정 머리 하나는 너끈히 씹어먹을 수 있을 것 같았다. 호랑이는 영물이라더니 과연 그 생김새가 산에 사는 사람들이 산군님이라며 섬기고 싶을 만큼 위용이 넘쳤다. 이렇게 큰 호랑이가 바람처럼 빠르게 달린다는 게 믿을 수가 없었다. 솥뚜껑만한 발에 무시무시한 발톱이 달려있는 것을 보니 저 발에 한 대 맞으면 죽어 나가지 않을 동물이 없을 것 같다. 크고 무섭고 화려하고 위용이 넘치는 호랑이가 한낱 고깃덩어리가 되어 누워있는 것을 보니 분명 다행스러운 일이나 안타까운 생각이 들었다. 선산부사는 호랑이를 심각한 얼굴로 한참 동안 들여다본 후 말없이 관아로 돌아갔다. 부사가 자리를 뜨자 이방과 호방이 호랑이를 보며 말했다.

"이 정도 되는 호랑이가 잡히믄 마 나라님께서 잡은 사람에게 면포 세 필을 주시든지, 일 년 세금을 면해주시든지 하지. 그기 나랏법이다."

호방이 말했다.

"아니 이 호랑이 가죽값이 얼만데 겨우 그거 받자고 모가지를 내놓

겼노? 이만한 호랑이 가죽은 웬만한 한양 도성 안에 기와집 한 채 값 정도다. 그라고 더 옛날에는 마 호랑이를 잡으면 벼슬도 줬다 아이가."
이방이 말했다.
"그라믄 이 호랑이 가죽은 우예 되능교?"
옆에서 듣던 마을 남정네가 물었다.
"경상도 감영에서 보낸 포수들이 잡았싱께 그 사람들이 끌고 가겠지 뭐."
이방이 대답했다.
"그라면 경상도 감영에서 가지나?"
귀를 쫑긋 세우고 듣던 여인네가 물었다.
"경상도 관찰사님께서 가죽 잘 빗기가아 나라님께 공물로 바칠끼다. 나라님께서 울마나 기뻐하시겠노? 이렇게 귀한 호랑이 가죽을 받으시면 마 우리 부사님캉 관찰사님캉 높은 벼슬 자리 안 내려주시겠나."
이방이 호들갑을 떨었다.
"높은 벼슬 자리 좋아하시네. 그동안 이 호랑이한테 물려 죽은 사람이 몇인데 벼슬을 내리노? 나랏법에 한 사람이라도 호환을 입으면 마 그 고을 수령은 파직되고 아전들은 곤장 백 대씩 맞게 되가아 있다."
호방이 말했다.
"머라꼬? 그라믄 니랑 내랑 이제 곤장 맞아야 되나? 우야노, 우야노!"
이방이 죽는 소릴 했다.
호랑이가 잡힌 것을 확인한 다음 노상추와 일행은 아침밥도 먹지 않고 동네를 떠나 긱자의 집으로 놀아갔다. 노상추는 집으로 돌아오는 길에 자꾸 아침에 본 참상이 떠올랐다. 죽은 사람들의 모습도 괴로웠지만 방 안에서 울부짖던 호랑이의 모습도 자꾸 떠올랐다. 새끼를 잃은 호랑이가 복수를 한 것이다. 그렇지 않다면 초가집이 옹기종기 몰려 사는 동네에 어떻게 심가네와 남가네 두 집을 골라낸단 말인가? 분명 호랑이는 새끼들을 죽인 두 남자 아이의 냄새를 기억하고 동네로 내려와 그 두 집을 정확히 찾아내어 복수했다. 사람도 그렇고 소도 그렇고 죽이기만 하고 먹지 않았다. 배가 고파서 저지른 게 아니다. 이건 복수다.

해는 중천에 떴고 멀리 동네가 보였다. 노상추는 동네로 걸어가며 비로소 호랑이가 잡혔다는 안도감을 느꼈다. 하지만 왠지 마음이 아렸다. 극악한 호랑이는 잔인하게 사람을 해쳤다. 하지만 호랑이는 산으로 도망치지 않고 원수인 인간의 방에 들어가 나오지 않았다. 호랑이는 새끼를 잃고 복수를 한 후 죽음을 택한 것이다. 호랑이는 인간에게 큰 소리로 말하고 싶었던 것 같다.

'새끼를 잃은 슬픔을 너희도 알지 않느냐? 나를 죽여라. 나를 죽여서 이 슬픔에서 벗어나게 해다오.'

호랑이에게 목숨을 잃은 사람들도 너무나 불쌍했고 새끼를 잃은 호랑이도, 화살에 맞아 죽은 네 마리의 새끼 호랑이들도 불쌍했다. 인간과 짐승이 무엇이 다른가. 짐승도 슬픔을 느낀다면, 지독한 슬픔 때문에 목숨까지 버린다면 인간보다 더 인간적이지 않은가.

6. 어머니, 어머니

1764년 · 갑신년 · 영조 40년 · 4월 · 18세

4월이 되어 아내가 돌아오는 날이 됐다. 노상추는 아내를 데리러 안곡으로 말을 타고 하인들을 데리고 갔다. 안곡 근처 주막에서 아내를 기다렸는데 신시(申時)[38]쯤 되니 아내가 탄 가마가 보였다. 처남이 말을 타고 일행을 이끌고 오고 있었다.

"처남, 애써줘서 고맙네."

"아입니더. 형님, 누님이 아아를 가지셔서 저도 기쁩니더. 꼭 아들을 낳아야 될 낀데요."

"그래. 아들을 낳아야지, 암."

아내가 가마에서 내려 처남과 작별을 고했고 처남은 하인들과 떠났다. 노상추도 하인들을 이끌고 아내를 가마에 태워 집으로 데려왔다. 아내가 도착하자 여동생과 어머님도 나오시고 형수도 나와서 아내를 맞이해 줬다.

"언니, 잘 다녀왔나?"

---

38) 신시(申時): 오후 3시-5시

여동생 효명이가 말했다.
"예, 아기씨. 잘 지내셨습니꺼?"
"니가 친정집에 갔다오이 얼굴이 많이 좋아졌구나."
어머니가 말했다.
"예, 보내주셔서 감사합니더. 어머님은 좀 어떠십니꺼?"
"나는 마 괜안타."
"동서, 잘 다녀왔는가?"
형수가 말했다.
"예, 형님. 지 혼자 다녀와서 죄송합니더."
"아이다. 초산인데 당연히 가야 안 되나."

말은 그렇게 하고 있었지만 형수의 얼굴은 어두웠다. 청상과부가 되어서 시댁에 얹혀 사는 마음이 오죽 답답하겠는가. 형수도 친정에 가고 싶어 하는 마음이 간절한 것 같았다. 노상추는 형수가 힘들더라도 얼굴을 환하게 펴고 밝고 열심히 살아가 주길 바랬다. 평소에 잔뜩 우울하고 멍한 표정의 형수를 보면 술증이와 희증이에게도 좋지 않은 것 같아 기분이 언짢았다. 하지만 내색은 하지 않았고 되도록 이해하려고 했다. 청상과부의 심정이 오죽하랴.

어머니의 배는 날이 갈수록 점점 불러왔다. 올해 연세가 마흔넷이고 보니 아무래도 안색이 좋지 않았다. 기력이 부족해서 숨도 차 하셨고 손과 발이 부었다. 괜찮으시냐고 물으면 끄떡없다고 하시며 여러 자식 모두 쑥쑥 낳았는데 무슨 걱정이냐며 자신 있다고 하셨다. 하지만 노상추는 항상 마음이 쓰였다.

"마, 어무이가 무사히 아아를 낳으셔야 할 텐데. 노산이시라 걱정이데이. 연세가 마흔넷인데 우야노."
"우리 친정 율리에도 나이가 많은 산모가 있었심더. 몇 살인 중 압니꺼?"

아내가 말했다.

"몇 살인데?"

"오십이라 캅디더."

"뭐? 오십?"

"그래도 마 아들 낳았는데 서른 살 먹은 며느리가 자기 자식캉 다 기른다 캅디더."

"대단타."

"어무이는 그 집에 비하면 젊으시다 아입니꺼. 걱정 마이소."

아내는 항상 노상추에게 힘이 되는 말을 해줬다. 아내의 배도 점점 불러왔다. 노상추는 그저 무탈하게 동생과 자식이 잘 태어나길 바랄 뿐이었다. 날이 점점 따뜻해지면서 집안은 다시 농사일로 바빠져 소로 무논에 써레질을 시작했고 볍씨를 뿌렸다. 여동생 효명이와 아내는 새로 태어날 아이들을 위해 옷과 이불, 기저귀까지 짓느라 바빴다.

노상추는 효득 형과 함께 사랑채에서 본격적으로 과거 준비를 시작했다. 효득 형이 과거시험 중 소과에 나오는 문제들을 구해왔다.

"니 함 풀어봐라. 이 문제는 몇 년 전에 경상도 향시(鄕試)[39]에 나온 문제다."

노상추는 효득 형이 주는 문제를 읽어 보았다.

'묻는다. 대학(大學)에서 말하길, "대학의 도는 명덕(明德)을 밝힘에 있으며 백성을 새롭게 함에 있으며 지선(至善)에 그침에 있다."라고 하였고, 또 "성대한 덕과 지극한 선을 백성들이 잊지 못함을 말한다." 이른바 성내한 덕(盛德)과 밝은 덕(明德)은 같은가 다른가? 그리고, 백성을 새롭게 한다(新民)는 것을 언급하지 않음은 왜인가?

---

[39] 향시(鄕試): 조선 시대에, 지방에서 실시하던 과거의 초시(初試). 여기에 합격하여야 서울에서 복시(覆試)를 치를 수 있었다.

중용(中庸)에서 말하길, "하늘에서 명(命)하신 것을 일러 성(性)이라 하고, 성(性)을 따르는 것을 일러 도(道)라 하고, 도(道)를 닦는 것을 일러 교(敎)라 한다."라고 하였고, 또 "성(誠)으로 밝아짐을 성(性)이라 이르고 명(明)으로 말미암아 성(誠)해짐을 교(敎)라고 한다."라고 하였다. 이른바 성(性)과 교(敎)는 같은가 다른가? 또 도(道)라는 한 글자를 언급하지 않은 것은 왜인가? 제생(諸生)들은 그것을 변론하라.'

"우뗳노? 거기에 대해 니가 답안을 써낼 수 있겠나?"
효득 형이 미소를 띠며 말했다.
"아따 마, 어렵네."
"니 대학이랑 중용 안 읽었나?"
"읽긴 마이 읽어서 내용은 아는데 마 변론을 하라카이 마 말문이 막히네."
"이런 문제에 답을 쓸라 카면 경전을 달달 외우고 뜻도 정확히 알아야 된다. 아무 말이나 쓰면 안 되고 경전을 인용해 가면서 니 생각을 써야 하는 기이다."
"아따, 마……. 우짜노! 만만치가 않구마."
"만만한 기이 어디 있드노?"
"이런 시험에 답안을 척척 써내는 사람이 있나?"
"말이라 하나. 이런 건 식은 죽 먹기로 써내야 겨우 생원이 된다."
"아, 우리 동네 생원님이나 진사님 다 별 볼 일 없는 사람들인 중 알았드만 와 이런 시험 답안을 줄줄이 써낸 사람들이란 말이가?"
"하모! 이때 향시에 응시한 사람만 천 사백명이 넘었다는데 그중에 생원이 일곱 명인가 되고 진사가 열 몇 명 됐다 카드라."
"와, 대단하네. 형님, 이 시험 문제에 장원으로 뽑힌 답안도 있나?"
"그거는 마 몬 구했다. 이것도 마 우리 어무이 친정 조카가 아는 사람이 경상도 향시 시험관으로 들어가면서 구해다 준기라."

노상추는 생원 시험에 나온 문제들을 효득 형과 더 풀어보았다. 같은 해에 네 문제가 나왔는데 그중 한 문제 정도는 노상추도 답안을 작성할 수 있을 것 같았지만 나머지 세 문제는 깜깜했다. 효득 형은 노상추를 격려해 줬다.

"걱정 마라. 이런 것도 답안 구해보면서 연구해 보면 답 금방 쓴다. 경전을 잘 읽고 내용을 철저히 이해하면 다 쓸 수 있다. 문제를 처음 보이께네 낯설어서 그렇지 금방 한다. 사서오경이나 잘 익히라."

"형님, 고맙십니더."

"생원시나 진사시를 붙으면 그다음이 대과 아이가. 대과 시험에서는 막판에 가면 임금님이 직접 문제를 내시는 데에 주로 나라를 어떻게 다스려야 하는가, 흉년에 도적을 막을 대책을 세워라, 신하의 능력을 어떻게 평가해야 되나, 마 그란 문제를 내신다 카드라."

"아, 훨씬 쉽네."

"그기 머가 쉽노? 문제는 간단해도 답하기는 마 엄청 어렵다. 임금님께 허접한 생각을 올리서야 되겠나. 참말로 임금님께 도움이 되는 의견을 내는 기이 쉽겠나 말다."

"형님 말이 맞소. 그라믄 마 초시 공부부터 해야되겠네."

"그래. 초시든 복시든 마 마이 외워야 겠지마는 깨끗하고 정연하게 쓰는 연습도 마이 해야 하는 기라."

효득 형은 노상추의 사랑채에 8일 정도 머무르며 함께 과거 시험 문제를 풀어보았다. 노상추는 집안일을 돌보면서 시간이 날 때마다 사랑채에서 형과 함께 과거 시험 문제를 풀어보고 답안을 작성해 보았다. 나름대로 답안을 작성해서 보여주면 효득 형은 고개를 가로저으며 이렇게 쓰는 게 아닌 것 같다고 했다. 노상추는 아무리 읽어도 사서오경의 내용이 심오하면서도 애매모호했다. 효득 형이 이해가 안 되면 무조건 외우라고 해서 달달 외웠지만 뒤돌아서서 내 문장으로 쓰려고 하면 도무지 글이 써지지가 않았다. 노상추는 이래서 멀고 먼 문과 합격의 길을 갈 수 있을까 걱정이 됐다.

5월이 되자 보리를 수확했다. 고남에 있는 보리밭에서는 3섬을 수확했고 죽잠에 있는 보리밭에서는 5섬을 수확했다. 보리를 수확하고 곳간에 들이니 며칠 동안은 기뻤으나 날이 점점 가물어졌다. 콩의 모종도 말라 죽고 모도 말라 매일 노비들이 물을 멀리서 길어다 댔다. 매년 비가 오지 않아 이렇게 고생하니 올해 무사히 수확할 수 있을까 걱정이 태산이었다. 새 식구도 태어나니 양식이 더 많이 필요한데 충분히 수확할 수 있을까? 아버지도 이제 집에 계시는 날이 많아졌고 어머니의 출산이 가까워지면서 아버님 친한 벗이신 오천운 어른이 자주 다녀가셨다. 오천운 어른께서는 학문도 높으시고 의학에도 일가견이 있으신 터라 오며 가며 여러 도움을 많이 주셨다. 집안에 임산부가 두 명이나 있다보니 자연히 오천운 어른이 필요한 때가 많았다. 어른께서 잊지 않고 자주 들러주시니 고마웠다.

날은 점점 더 가물어서 올해에도 금오산에서 기우제를 드린다고 야단법석이었다. 유월이 되자 관아에서 영당(影堂)[40]에 체문(帖文)[41]을 내려 여헌(旅軒) 선생의 사적(事迹)을 정리해서 제출하라고 했다. 오늘은 그 일로 영당의 산장(山長)[42]이신 도계봉 어른, 김숭덕 진사 어른, 도계심 어른, 정 생원님, 그리고 아버님께서 영당에 모이셨다. 노상추도 회의에 참석해서 어른들의 심부름을 하며 일을 도왔다. 여헌 선생은 이백 년 전인 명종 9년에 태어나셨고 성함은 장현광, 호는 여헌, 자는 덕

---

40) 영당(影堂): 영정을 모신 사당.

41) 체문(帖文): 수령이 그 고을의 면임(面任)이나 동임(洞任), 향교, 서원 따위에 지시하던 문서.

42) 산장(山長): 사당에 제사를 지내던 일을 총괄하는 도유사(都有司).

회다. 여헌집, 성리설, 역학도설 같은 명저를 남겼고 어려서부터 조정에서 학문적 권위를 인정받아 여러 관직에 수없이 천거되었지만 일절 나서지 않고 오직 학문에만 힘쓰고 제자를 길러냈다. 선산부 관아에서 영남의 대표 학자들의 글을 모아 문집을 만들기 위해 여헌 선생의 글을 모아달라고 한 것이다. 오늘 모인 어른들은 집이나 주변에 있던 여헌 선생의 글이나 책을 가지고 오셨다. 그리고 함께 여헌 선생의 일생을 정리하고 글을 모아 내용을 요약했다. 노상추의 집에서도 여헌 선생의 책이 있어 아버지께서 요약본을 직접 쓰셨고 책과 함께 가져오셨다. 노상추는 어른들께서 회의하는데 배석해서 물과 과일을 가져다 드리고 먹도 갈아드리며 도와드렸다. 하루 종일 일을 하신 끝에 밤이 되어서야 겨우 초안을 마쳤다. 밤이 되어 캄캄할 무렵 드디어 정리를 끝내고 집으로 떠날 때가 되자 산장께서 말씀하셨다.

"그라면 이 초안을 내일 관아에 제출하면 되겠는데 누가 가꼬?"

"영당 일을 보는 순득이가 가면 안되겠십니꺼?"

산장님은 고개를 저으며 말했다.

"그건 안된다. 무지몽매한 아랫것들에게 어찌 이 귀한 책과 글을 맡기겠노. 그건 안되고 상추 니가 가라."

"제가요?"

노상추가 말했다.

"그래. 이 여헌 선생 책들이랑 문서는 관아에 제출하는 중한 것이니만큼 상추가 가는 기이 맞을 것 같다."

"산장 어른 말씀이 맞습니더. 내일 아침 상추가 이 책들과 문서를 관아에 갖다드리도록 하겠십니더."

아버지께서 말씀하셨다.

노상추는 다음 날 일찍 아침을 먹고 딕돌이를 데리고 말을 타고 관아로 향했다. 그런데 남문을 지나 선산부 읍성 안에 들어가니 시장이다 문을 닫아 한산했다. 장터거리를 지나 관아로 들어갔는데 문을 지키는 포졸들도 몇 명 없고 일하는 관노도 몇 사람 보이지 않아 이상한 생각이 들었다.

"오늘이 장이 서는 날인데 와 이래 사람이 없노?"

노상추가 말했다.

"참말로 이상하네요. 다들 우데 갔나 모르겠네."

덕돌이가 말했다.

노상추는 동헌으로 들어가 직접 책과 글을 제출했다. 통인이 나와 선산 부사에게 직접 전했다는 말을 들었다. 부사가 부탁한 일을 이렇게 해줬는데 나와서 인사 한 마디도 안 하다니 부사에게 좀 서운한 생각이 들었다. 돌아서려다가 노상추는 통인에게 물었다.

"선산 부사님께서는 안녕하시냐?"

"지금 성안에 두창(천연두)이 돌고 있십니다. 부사님도 지금 천연두 때문에 내사에만 머무르고 계시고 사람들을 만나지 않고 계십니다. 지금 두창으로 쓰러진 사람이 한둘이 아입니더."

"뭐라꼬요? 두창? 우야노, 우야노!"

덕돌이가 깜짝 놀라며 말했다.

"돌아가자."

노상추는 서둘러 관아를 빠져나간 후 동문으로 향했다. 두창이라니! 집에는 임산부가 둘이나 있는데 이 일을 어쩐다? 노상추는 길에서 얼굴에 수포가 가득한 아이를 업고 가는 남자를 보고 기겁을 했다.

"대련님, 이대로 집으로 가시겠습니꺼?"

덕돌이가 물었다.

"아이다. 벌써 관아에도 퍼졌고 성안에도 다 퍼졌는데 이대로 집에 가면 큰일 난다. 일단 미봉사로 가자. 거기는 얼라들이 없는 덴깨로 괜찮을 끼이다."

노상추가 미봉사에 도착해 스님께 말씀을 드리니 스님께서 아버지께서 쓰시던 끝방 하나를 내주셨다. 노상추는 방에 홀로 머무르며 자신은 두창에 옮지 않았기를 간절히 바랬다. 방에 홀로 있으니 너무 심심해서 옆방에 머무르는 선비에게 이야기책 하나 빌려 읽으며 시간을 보냈다. 이틀 밤을 자고 난 후 덕돌이와 자신이 별 이상이 없다는 것을 확인하고 나서 노상추는 집으로 내려갔다.

"어무이, 저 돌아왔심니더."

"그래, 관아에 간 아아가 안 돌아와서 걱정했다 아이가. 어제 절에서 내려온 사람이 갈키주고 가더라."

"예, 지금 선산 읍성 안에는 마 난립니더. 지도 마 집에 올라 캤다가 혹시라도 하는 마음에 몬 오고 미봉사에 머물렀심더."

"잘했다."

"어무이는 안색이 쪼매 안좋으십니더. 마이 힘드십니꺼?"

"마, 뱃속에서 아가 이제 오늘 내일 나올라 카이 힘이 안 들겠나. 내는 괘안타. 들어가 쉬고 니 안사람이나 잘 돌봐주그라."

아내는 여동생과 함께 어머니께서 아기 낳으실 때 쓸 수건과 아기 강보를 만들고 있었다. 아내도 점점 앉아 있는 게 힘들어 보였다.

"언니, 오라버니도 오셨는데 그만 들어가 쉬소. 나머지는 내가 할끼요."

"아입니더. 괘안습니더."

"아이고 그만 하이소. 아를 생각해서 그만 방에 들어가소."

아내는 노상추와 함께 방으로 들어왔다.

"몸은 좀 어떻소? 괘안나?"

"지는 괘안습니더."

"식사는 잘하시나?"

"예."

"무리하면 안 된데이. 일은 아랫것들에게 하라 카고 당신은 편하게 지내야지."

 "방안에 가만있으면 심심합니더. 밖에 나가서 돌아댕기는 기이 더 좋심더."

 "그래, 산바라지할 사람들은 다 구했나?"

 "예, 어무이께서 간난 어매랑 안동댁이 좋캤다 카셔서 옥단이가 다 가서 말해놓고 왔심더. 간난 어매는 아를 많이 받아봤고요, 안동댁이는 아들만 다섯 아입니꺼. 와서 어무이 배 쓸어주기로 했심더."

 "유모는 우예됐소?"

 "간난네가 말해줘가아 아랫동네에 사는 수동 애미라꼬 심덕 좋고 아를 낳은지 얼마 안된 아지매를 구했심더."

 "미역은 넉넉하게 있나?"

 "하모요. 아버님께서 검쇠 시키셔서 장터에서 다섯 뭇이나 사두셨습니더."

 "그만하면 됐다. 그럼 내는 논에 모가 잘 심어졌는지 좀 둘러보고 오꾸마."

 논을 둘러보니 며칠 미봉사에 머무는 사이 포구 앞 논에 이앙을 마쳤다. 물이 모자라 다른 논에는 이앙을 못하고 있으니 걱정이 앞설 뿐이다. 이제 출산이 며칠 앞으로 다가왔다. 별일 없어야 할텐데. 노상추는 집으로 돌아가는 길에 동네에 간난네와 안동댁 집에 들러 인사를 했다. 간난네는 회갑이 다 되어가는 할머니인데 산파 노릇을 잘하기로 소문이 났다.

 "고맙심니더. 도련님, 걱정 마이소. 제가 마님 산바라지만 벌서 여섯 번째 아입니꺼. 원래 강골이시라 나이가 있으셔도 끄떡없으실 낍니더."

 "간난네, 고맙네. 내 사례는 후히 하겠네. 애써 주게."

 노상추는 안동댁에게도 찾아가 잘 부탁한다고 말했다. 안동댁은 집에 닭 모이를 주다가 노상추의 뜻밖의 방문에 깜짝 놀라며 머리를 조아렸다.

"아이고 도련님, 걱정 마이소. 걱정 마이소. 간난네가 잘합니더."

노상추는 두 산바라지 할 여인들이 건강하고 별 탈이 없음을 확인하고 마음이 놓였다. 혹여 지금 돌고 있는 두창에 걸리지나 않았나 걱정하던 터였다. 모두 걱정하지 말라고 하는데 왜 마음이 이렇게 불안한 걸까? 아무래도 큰형이 그렇게 되고 난 후에 충격을 받아서 그런 걸까. 노상추는 쓸데없이 괜한 걱정을 하는 자신의 마음을 추슬렀다.

그날 저녁 식사 후 안방에 가니 어머님이 누워계시고 옆에서 효명이가 어머니를 지켜보고 있었다.

"어무이, 식사 잘 하셨능교?"

"그래. 그런데 와 배가 이리 살살 아프고 설사가 나는지 모리겠다."

"설사라고요? 뭘 잘못 드신 거 아잉교?"

노상추가 깜짝 놀라며 물었다.

"모리겠다. 마 힘이 빠지고 머리가 어질어질하다."

"이제 곧 해산하셔야 되는데 우야노?"

효명이가 울상을 지었다.

"내일 의원을 부르겠심더."

"안된다. 임산부는 약 먹는 기이 아이다."

"맞데이. 그라믄 약도 몬 쓰고 우야노?"

"조심해서 가려 무야 되는데 마이 무서 이란다. 걱정 마라. 이라다가 낫겠지."

하지만 그다음 날이 되어도 그다음 날이 되어도 어머니의 설사는 낫지 않았다. 도리어 토하시고 열까지 낫다. 노상추는 애가 탔다. 아버지가 운곡에서 돌아오셔서 어머니 소식을 듣자 크게 놀라셨다. 친척들과 손님들의 방문이 이어졌지만 모두 걱정만 하시다가 돌아가셨다. 노상추는 아버지의 말씀에 따라 장산에 있는 의원에게 가서 궁귀탕을 지어 왔다. 궁귀탕은 천궁과 당귀로 지은 약인데 집에 와서 노상추가 직접 달여서 어머님께 드시게 했다. 하지만 별 효험이 없었다.

"안되겠다. 내가 오천운에게 물어보고 약을 다시 지어오마."

아버지는 바람처럼 집을 나가셔서 그날 밤 궁귀안순산이라는 약을 지어오셨다. 그 약은 아버지께서 밤새 직접 달이시고 새벽에 어머님께 들게 하셨지만 그 자리에서 다 토하셨다. 아버지는 어머님 옷을 갈아 입히신 후 자리에 눕게 했다.

"여보……."

어머님이 개미만한 목소리로 말씀하셨다.

"내 여기 있다. 마 마음을 단단히 무라. 이제 아이를 낳으려면 잘 먹어야 되는데 먹지를 몬 하니 마음이라도 잘 먹어야 된데이."

어머니는 희미하게 웃으시고 잠이 드셨다. 아버지 표정은 점점 더 어두워져갔다. 6월 17일 저녁부터 해산 기미가 보였다. 위단이가 간난네와 안동댁을 불러 왔다. 간난네는 안채 안방에 산실을 차렸다. 방바닥에 짚을 깔고 그 위에 이불을 깔았다. 위단이가 대야에 물을 끓여 가져왔고 효명이가 탯줄을 자를 가위와 수건을 준비해서 산실에 들여놓았다. 형수는 쌀과 미역이 놓인 삼신판을 차려 산실에 넣어두었다. 노상추와 아버지는 사랑채에서 함께 밤을 새웠다. 어머니의 비명 소리가 들릴 때마다 아버지는 수염 끝이 떨렸다. 축시(丑時)[43]가 지나갈 무렵 위단이가 뛰어오는 소리가 들렸다.

"나으리, 부인 마님께서 해산하셨습니더. 따님이십니더."

그 소리에 노상추와 아버지는 벌떡 일어나 안채로 뛰어갔다. 그 때 안동댁이 침통한 표정으로 짚 더미와 이불을 가져 나오는 것이 보였

---

43) 축시(丑時): 오전 1시-3시

다. 노상추와 아버지는 새빨간 피로 흠뻑 적셔진 짚 더미와 이불을 보고 충격을 받았다. 이 많은 피가 설마 어머니의 몸에서 나왔단 말인가?

"이기이 뭐꼬?"

"피를 많이 흘리셨심더."

안동댁은 소맷부리로 눈물을 한번 찍더니 그대로 들고 뒤꼍으로 갔다. 아버지께서 휘청하셔서 노상추가 아버지를 잡았다. 아버지는 큰소리로 덕돌이를 불렀다.

"니 지금 윤이한테 가서 제평에 있는 오천운 어른에게 물어보고 마님 드실 약을 구해오라 캐라. 마님께서 피를 많이 흘리셨다고 일러라."

덕돌이는 지체없이 서재종숙 노윤의 집으로 뛰어갔다. 얼마 후 간난네가 태어난 아이를 안고 방에서 나왔다. 아이는 건강해 보였다. 아버지는 막내 딸을 보시고도 웃지 못하셨다.

"나으리, 마님께옵서 아기에게 젖을 물리지 못하실 것 같으니 유모를 하기로 한 수동 애미를 부르셔야 겠습니다."

"그렇게 하게. 지금 집사람은 어떤가?"

"들어가 보시지요."

아버지와 노상추는 방에 들어갔다. 어머님은 눈을 뜨지도 못하시고 숨만 헐떡이고 계셨는데 차마 볼 수가 없었다. 아버지는 어머니의 손을 잡았다. 어머니도 아버지의 손을 느끼셨는지 약하게나마 손가락을 구부려 잡으셨다.

"수고했소. 예쁜 딸이오."

어머니는 고개를 희미하게 끄덕이셨다. 간난네와 안동댁은 슬픈 얼굴로 산실에서 나온 피 묻은 짚과 이불을 태워버렸다. 그리고 금줄을 예쁘게 만들어 대문에 걸어 줬다.

노상추는 차마 어머니의 얼굴을 계속 보시 못하고 건넌방에 효명이와 완복이와 함께 있었다. 효명이는 여동생을 안고 얼렀다. 완복이도 효명이도 말이 없었다. 어머니는 시집오셔서 모두 아들 셋, 딸 셋을 낳으셨다. 어머니의 첫째 아들 금복이 형은 열일곱에 세상을 떴고 누이 하나도 어려서 죽었다. 그래서 노상추(흥복), 노상근(완복), 노효명 이렇게 아들 둘, 딸 하나가 남았고 오늘 어린 여동생이 태어났다. 어머니은 온갖 집안일을 다 하시며 몇 년 간격으로 계속 임신과 출산을 반복하셨고 자식들의 장례까지 치렀다. 아무래도 마흔넷의 나이에 여섯 번째의 임신과 출산은 무리였다. 하지만 어찌 사람의 힘으로 막으랴. 운명에 순응하는 수밖에.

유모가 집에 와서 아이에게 젖을 물렸다. 얼마 후 윤이 아재가 의원에게 사물탕을 받아왔다. 노상추는 직접 약을 달여서 방으로 가져갔다. 숨만 겨우 쉬고 있는 어머니는 이제 의식도 없었다. 어머니의 목을 받혀드려서 입에 약을 넣어드려도 삼키시지도 못했다. 노상추는 어머니의 목에서 손을 뺄 때 고개가 힘없이 떨어지는 것을 보고 어머님의 목숨이 경각에 달했다는 것을 알았다.

아, 사람이 어디서 나고 어디로 가는가! 어머니께서 이렇게 가실 줄을 누가 알았단 말인가? 마흔넷이면 아직 젊디젊은 나이 아닌가. 어머니께서 이렇게 가시다니, 이렇게 가시다니! 이년 전에 큰형이 떠날 때 이보다 더 큰 슬픔이 없을 것 같았는데. 그것보다 더 큰 슬픔이 이렇게 가까이 나를 기다리고 있었다니! 노상추는 한없이 눈물을 흘렸다. 어머니는 하루 정도 더 버티시다가 유언 한 마디 못하시고 세상을 떠나셨다. 딸을 살리려고 모든 힘을 다 쏟아부으셔서 남은 자식들에게는 마지막 인사도 할 힘도 없으셨다. 며칠 전만 해도 새 식구를 맞이한다고 출산을 준비하고 있었는데 어떻게 며칠 만에 초상을 치러야 한단 말인가? 이게 무슨 가혹한 운명인가! 집안의 경사가 어찌 며칠 만에 이리도 처참한 흉사로 변한 것일까? 인생은 왜 이렇게 잔인하단 말인가!

7. 적자와 서자

1764년 · 갑신년 · 영조 40년 · 6월 · 18세

장례가 진행되면서 노상추는 몸도 추스르지 못할 정도로 슬펐다. 하늘이 무너지는 것 같고 땅이 꺼지는 것 같았다. 노상추는 어머니를 잃고 나서야 얼마나 자기가 어머니를 의지하고 살았는지 알았다. 큰형이 죽었을 때 크게 낙담하시고 집을 떠나셨던 아버지께서 이번에는 건건한 모습으로 장례를 주도하셨다. 부고를 내고 관을 짤 나무를 구해오라고 시키고 염을 하고 습을 하고 입관하는 것까지 모든 일을 아버지께서 한치도 틀림없이 일사불란하게 지휘하셨다. 어머님을 관에 넣고 뚜껑을 덮은 후 은정(隱釘)44)을 칠 때 노상추는 그 못소리가 자신의 뼈를 치는 것 같았다. 날이 더워서 헛간에 구덩이를 파고 관을 묻어 빈소를 차렸다.

"형님, 어서 상복으로 갈아입으소."

완복이가 사랑채 건넌방에서 누워있던 노상추에게 상복을 건네주었다. 노상추는 형 담제가 끝나 상복을 벗은 지 얼마 되지 않아 또 상복

---

44) 은정(隱釘): 대가리가 작아서 박으면 겉으로 잘 드러나지 않는 나무못.

을 입어야 한다는 게 애통했다. 그것도 다름 아닌 어머니의 초상이라는 게 더 마음 아팠다. 그나마 다행이라면 아버지께서 형님 장례 때와는 달리 극심한 슬픔에도 초연하게 행동하셨다. 아들이 이 슬픔을 견디지 못할 것을 아시고 스스로 힘을 내신 것이다. 친지들과 지인들의 문상이 시작됐다. 큰형의 외삼촌 되시는 최진사 형제께서 이번에도 문상을 와주셔서 고마웠다. 효득 형은 슬픔에 빠진 노상추를 위로해 줬다.

"형은 이제 과거 보러 가야되는데 이래 와줘서 고맙데이."

"아이다. 내 여기 며칠 머무르면서 일도 돕고 할 끼구마."

"그래도 되겠나. 고맙데이. 형이 옆에 있어 주이 내가 마음이 좀 낫다."

"장지는 정했나?"

효득 형이 물었다.

"가좌산에 큰어머님 묻히신 곳 아래로 했다. 그란데 형은 이번에 시험 치러 우데로 가노?"

"이번에는 개령에 시험장이 차려진다 카더라."

"형, 시험 잘 쳐서 꼭 붙으래이."

7월 초하루는 할머니 제사였지만 어머님 초상으로 지낼 수가 없었다. 7월 14일은 죽월헌에서 할아버지 제시를 모셨고 7월 말에는 효득 형이 개령으로 시험을 보러 떠났다. 7월 내내 가물다가 7월 하순으로 접어들자 비가 내리기 시작했다. 8월 초하루에는 비바람이 어마어마하게 불어서 들의 곡식 절반이 손상을 입었고 논에 심어둔 벼도 심하게 패였다. 논 주변에 있던 소나무 40그루가 뿌리째 뽑혔고 강물이 불어서 배도 다니지 못했다. 온천지가 물난리가 난 와중에 어머니의 묘를 준비해야 했다. 8월 9일에 노비들이 가좌산으로 올라가 어머님 묫자리의 풀을 베고 나무도 베어냈다. 나무틀인 금정을 설치하고 땅을 파내려 갔다. 8월 14일 자시에는 헛간의 빈소를 철거하고 발인하여 저녁

장지에 도착했다. 다음 날인 15일 인시에 하관을 하려 보니 못자리에 물이 차 있어 너무나 황망했다. 물을 퍼내고 깨끗이 정리한 후 관을 안치했다. 성묘하는 동안에도 많은 친지들과 지인들이 조문했다. 월파에 사는 친척 형님이 오셔서 조문하신 후 노상추와 함께 식사했는데 개령 시험장에서 오는 길이라고 했다.

"그래, 우예 됐능교?"

"떨어졌지."

"이번에 효득이 형도 개령으로 갔는데 만나셨등교?"

"사람이 하도 많아서 몬 봤다."

"혹시 합격자 명단에 효득이 형이 없등교."

"효득이 이름은 내 몬 본 것 같다. 마, 확실한 건 아이니께 직접 물어봐라."

율리에서 장인어른도 조문을 오셔서 하룻밤 묵어가시며 출산을 앞둔 노상추 아내를 보살폈다. 아내는 초상 중에도 줄곧 방에서 몸을 조리하고 있었다. 배 속의 아이가 우는 소리를 너무 많이 들으면 좋지 않기 때문이다. 노상추도 혹여 어머니 장례로 인해 아내가 출산에 대한 공포감이 심해지지 않을까 걱정됐다. 하지만 아내는 워낙 강골이고 마음이 굳은 사람이라 초상 같은 흉한 일도 잘 견뎌내고 있었다. 장인어른께서 아내를 위로하시며 다가오는 출산을 잘 준비하라 일러주시고는 떠나셨다. 비는 팔월 말까지 계속 내리다가 9월 들어 볕이 나기 시작했다.

"내는 며칠 좀 돌아다니다가 올란다. 니가 집안 잘 보살피고 있거라."

"예, 잘 다녀오시소."

아버지는 손돌이를 데리고 말을 타고 운곡으로 떠나셨다. 노상추는 조문객들을 맞이하고 농사일을 챙기면서 정신없이 지냈는데 서조모님께서 문상을 오셨다. 할아버지의 첩이신데 아버지는 서조모님도 평소에 잘 보살피셨다. 서조모님에게는 아들이 있었는데 이름이 노완이었다. 노상추에게 서삼촌이 되는 노완은 할아버지를 닮았는지 글씨를 잘 쓰고 공부도 열심히 해서 아버지께서 기특하게 생각하셨다. 노완은 품성이 질박하고 겸손했던 탓에 아버지께서 죽은 큰형과 함께 아버지의 이모부에게 사략[45)]을 배우게 했을 만큼 가까웠다. 혼처가 초곡에 사는 조씨 가문의 서녀로 정해지자 아버지는 돈 170냥으로 서삼촌의 신혼집과 생계가 될 전답을 사주셨다. 그런 것을 보면 아버지는 배다른 서얼 형제도 같은 피를 나눈 형제로 생각하셨다.

"도련님께서는 출타하셨능교?"

서조모님께서 말씀하셨다.

"예, 운곡에 가셨습니다. 형이 세상을 떠난 후에는 자주 여행을 다니십니더."

"아, 그라싱교?"

"작은 할머니께서는 그동안 잘 지내셨습니꺼?"

노상추가 물었다. 서조모는 눈물을 그렁그렁하면서 말했다.

"지야 머 완이 떠나고 나서 잘 지내고 말고가 어디있겠십니꺼? 마, 우리 며늘아기를 오늘 친정으로 돌려보내고 오는 길입니더."

노상추는 마음이 아팠다. 아버지께서 집과 전답까지 사주시며 행복하게 살기를 바랬지만 서삼촌은 결혼한지 삼 년 만에 불어난 물을 건너다가 휩쓸려 죽고 말았다. 서동생이 죽었을 때에도 아버지께서는 크게 슬퍼하셨다. 노완은 자식 없이 세상을 떠났다. 그동안 서조모님은 청상과부 며느리와 둘이 살아왔다.

"혼자 사시는 것보다는 며느리랑 사시는 게 낫지 않습니꺼. 며느리도 수절하고 일부종사하는 기이 도리이지 와 보내셨능교?"

"양반 가문 부인이야 당연히 수절하시야겠지만서도 저희같은 서얼

---

45) 사략(史略): 중국 원나라 때 증선지가 쓴 역사서, 조선시대 아동용 교육교재로 읽힘.

들이야 그랄 필요가 있습니꺼. 저야 이제 다 살았지만 그 아는 젊디젊어서 살날이 구만리인데 언제까지 생짜백이로 외로이 살겠십니꺼. 그것도 마 하루 이틀이지 평생은 그래 몬합니더. 지도 마 혼자 사는 기이 편하다 아입니꺼. 맨날 울고 짜고 하는 아아를 델고 이리 달래고 저리 달래고 하는 일도 싫습니더. 이래 친정으로 보내 뿌이 마음이 편합니더. 이젠 알아서 그 아아도 잘 살겠지요. 가가 얼굴도 그만하면 고와가아 팔자 고칠 데야 많다 아입니꺼. 지도 마 홀가분합니더. 무엇보담도 그 아를 계속 델고 있시마 마 도련님한테 짐밖에 더 되겠십니꺼. 그래 가아 제가 마 돌려보내 뿌릿심더. 완이 살아있었을 때부터 도련님께는 참말로 고맙심데이."

서조모님은 노상추에게 깍듯하게 인사를 하고 떠났다. 완복이와 여동생 효명이가 나와서 함께 인사를 했다. 서조모를 배웅한 후 집 안으로 들어오자 여동생 효명이가 말했다.

"완이 댁이 친정으로 돌아갔단 말이가?"

"그래. 갔단다."

"한번 시집을 왔으모 그 집 귀신이 되어야지 저래 팔자 고치겠다고 친정으로 가뿌리면 되나. 저러니 서얼들은 안되는 기라. 반가의 여자처럼 정조를 목숨보다 귀하게 여기야지, 돈 몇 푼에 이 남자랑 살고 저 남자 살믄 그기이 짐승과 다를기이 머꼬. 끌끌."

완복이가 말했다.

"그라이 서얼 아이가. 백번을 죽었다 깨어나 봐라. 서얼이 양반이 되는가."

효명이가 몸서리를 치며 말했다. 노상추는 아버지께서 서삼촌을 아끼셔서 그렇게 잘 해주셨지만 결국 떠나버린 서숙모가 못마땅했다. 목숨을 잃는 것은 작은 것을 잃는 것이요 성조를 잃는 것은 큰 것을 잃는 것이라는 소학의 가르침을 따르지 못하고 결국 그렇게 떠나는가. 하지만 서조모님 말대로 계속 수절을 하겠다고 해도 문제였다. 안 그래도 한 입이 무서운데 자손도 없는 서숙모를 계속 부양해야 한다면 그것도 노상추에게는 무거운 짐이었다. 차라리 개가를 하는 편이 노상추와 아버지의 부담을 줄여주는 것이니 피차 좋은 결정이긴 했다. 다만 노상추로서는 서숙모가 개가를 하는 것이 불명예스러웠다.

서숙모 생각을 하며 별채에 아내를 보러 가다가 안채 마당에서 술증이와 희증이가 제기를 차며 놀고 있는 것이 보였다. 술증이는 제기를 차다가 그만 희증이 위로 엎어져서 둘이 큰 소리로 울었다. 그때 안채 부엌에서 위단이가 쫓아나오더니 술증이와 희증이를 일으켜 세우고 옷을 털어주었다. 방안에서는 형수의 목소리가 들려왔다.

"위단아, 니 아이들 잘 보라고 하지 않았드나."

"잘못했심더. 설거지하느라 그만……."

"무신 말이 그리 많노?"

"아입니더. 잘못했심더. 도련님요, 이제 방 안으로 들어가입시더. 저랑 말타기 놀이 하입시더."

노상추는 형수가 방안에 아무 일도 안 하고 누워있으면서 괜히 여종에게 신경질만 내는 걸 보고 화가 났다.

'한창 뛰노는 아이들을 애미가 나와서 직접 지켜봐야지 방에 누워 있으믄서 와 바쁜 여종에게 신경질을 내노. 맨날 저래 뚱해 있으면 우야란 말이고. 누가 청상과부 되라고 해서 청상과부가 됐나. 이제 그만 얼굴을 펴고 먹여 살려주는 시댁 식구들 고마운 줄도 알고 열심히 살아야지 언제까지 저래 퉁퉁 부어 있을끼고.'

술증이와 희증이는 둘도 없는 귀한 자손들이기에 이들을 길러야 하는 형수의 임무는 막중하다. 노상추도 형수에게 깍듯하게 대했고 아버지께서도 항상 형수를 안타깝게 생각하고 많이 배려해 주며 살고 있었다. 하지만 형수는 그런 시아버지와 시동생에게 고마워하는 기색은 없고 그저 자기 팔자가 힘에 겨운 듯 시집살이가 너무나 고되다는 듯 울타리 밖을 멍하게 쳐다보며 한숨만 내쉬었다.

'청상이 어디 한둘이가. 돌아보면 집집마다 청상은 하나씩 다 있다. 남편은 없어도 시댁에서 이래 떠받들어 주고 사는데 뭐가 저래 불만이고. 두 아들을 잘 기를라꼬 기를 써도 모자랄 판에 저래 한숨만 들이쉬고 내쉬이 참으로 걱정이데이.'

만약 형수에게 두 아들이 없었더라면! 생각만 해도 아찔한 일이었다. 양반가의 여인이 평생 수절하는 것이 당연하지만 남편도 자식도 없는 시집살이가 며느리나 시댁이나 양쪽에 얼마나 고통스러울 것인가. 또 시댁 입장에서는 아들이 죽어 나간 마당에 평생 며느리를 부양해야 하는 짐을 떠안는 것이다. 그러니 정신이 똑바로 박힌 양반가의 여식이라면 자식 없이 청상과부가 되었을 때 남편의 삼년상을 치르고 자결을 해버리는 고결한 열부의 길을 가지 않는가. 자식이 귀한 집에 아들 둘을 주고 떠난 형이 고마울 뿐이었다. 노상추는 별채에 있는 방으로 들어갔다. 아내는 옆으로 누워있다가 일어났다.

"일어나지 마라. 누워 있어라. 몸은 좀 어떻노?"

"아아가 발길질을 합니더."

"아, 그래? 고 녀석 참말로 장하구먼. 벌써부터 세상에 나올라고 용을 쓰는갑다. 하하."

노상추는 아내의 말에 마음이 잠시나마 기뻤다. 아내는 입으로는 항상 괜찮다고 했지만 안색이 점점 어두워지고 있었다. 지난달 장인어른이 오셨을 때 조금 나아지는 듯 했지만 다시 혼자가 되면서 불안해하는 것이 보였다. 시어머니의 죽음에 정신적으로 크게 타격을 입은 것이 분명했다. 오늘내일 하는 마당에 별 탈 없이 이제까지 지내온 것만도 고맙지만 이번 초상으로 노상추 역시 불안했다. 그러나 아내는 어머니와는 다르다. 젊고 건강한 여성이고 기상도 굳세기 때문에 잘 이겨

낼 것이다. 노상추는 조문받으랴 농사일 돌보랴 눈코 뜰 새 없이 바빴다. 그 와중에도 부지런히 아내도 돌보고 새로 태어나 안채 문간방에서 유모의 손에 자라고 있는 여동생도 수시로 들여다보며 돌봤다. 어머니는 비록 가셨지만 아기는 유모의 젖을 먹으며 무탈하게 자라고 있었다. 천지에 아무것도 모르고 먹고 자는 여동생을 보면 눈물이 나기도 하고 사랑스럽기도 했다.

'어무이, 야 좀 보소. 어무이를 닮아가아 예쁘다 아입니꺼. 제가 잘 키워서 좋은 가문에 시집보낼 테이 걱정말고 눈 감으소.'

며칠 후 효득 형이 개령에서 시험을 친 후 처음으로 노상추 집을 방문했다. 노상추는 형을 반갑게 맞아주었다.

"형, 와 이제 오노. 기다렸다 아이가."

"마, 며칠 마음 좀 추스르고 하느라 좀 늦었다. 나를 와 기다리노."

"이번에 월피에 사시는 형님도 개령에서 초시 쳤다가 떨어졌다 카드라."

"아, 글라? 그라면 이번에는 우리가 아는 사람 중에는 붙은 사람이 없는 갑네."

"그란갑다. 마이 어렵드나?"

"모리겠다. 내 느낌으로는 잘 쓴 것 같았는데 떨어져 뿌릿다. 이번에 생원은 안 되겠나 기대했는데 안 되더라."

노상추는 효득 형과 함께 사랑채 마루에 앉아 이런저런 이야기를 나누었다. 이제 9월 중순이 되어 바람이 시원해졌다.

"올여름에 니가 큰일을 치르는구나."

효득 형이 안쓰러운 얼굴로 말했다.

"어무이가 땅 속에 누워있다는 사실이 믿기지 않는다. 저 중문에서 야야 하면서 막 걸어 나오실 것 같다이께로."

"그래. 아부지는 좀 어떠시노?"

"아버지는 큰형 때에는 마 아무것도 몬 하시는 지경이었는데 이번에는 아버지께서 혼자 일사천리로 초상을 다 치렀다 아이가."

"다행일세."

효득 형이 웃으며 말했다.

"개령에 왔다 갔다 하미 세상 구경 마이 했나?"

"세상 구경은 무신. 그란데 내가 나루터 주막에서 국밥을 묵는데 주막 안으로 누가 비단 도포 자락을 휘날리며 거들먹거리고 들어오는데 마, 보이께네 노수더라. 니 아나?"

"노수? 그 서얼 자슥 말이가?"

"그래에. 와 느그 아버님이랑 사촌이라꼬 큰소리치던데. 니도 알제?"

"즈그 입으로 사촌이라 카다? 미친 노무 새끼! 첩 자식 주제에 우데 양반에게 사촌이라 갖다 대노? 우리 아부지가 어릴 때 노계태 조부님의 양자로 들어갔었는데 그 놈은 그 양부님 집안에서 나온 서얼 자식이다."

"그래, 그래. 우리 집안이랑도 안다 아이가. 그 노수라는 놈이 지 주제도 모리고 까불고 댕기믄서 우리 백부님이 내놓은 땅을 사들이면서 값을 얼마나 후려쳤든지 백부님이 돈이 급하셔가아 피눈물을 흘리시면서 팔았다. 백부님이 말하시길 노수 그놈은 천하에 상종 몬 할 인간이라꼬 하시더라. 그란데 그 놈이 비단 도포 자락 걸치고 번쩍거리는 흑립을 쓰고 풍잠도 마 멋들어지게 하고 주막에 들어와서 떠들어 쌓는데 마 내 귀로 차마 몬 들어주겠더라카이."

노수의 이야기를 듣자 노상추는 핏대가 올랐다. 노수야말로 아버지께서 제일 싫어하시는 날강도 같은 위인이었다. 그런 인간이 돈 굴리는 재주는 타고났는지 선산 일대에서 하도 거들먹거리고 다니며 돈 없는 양반들을 모욕해 모두 한번 손 봐줘야 한다고 벼르고 있었다. 그런 노수를 주막에서 효득 형이 본 것이다.

"지금 노수 그 서얼 놈이 안강 노씨 가문을 통째로 묶을라 안카나."

"그기 무신 소리고?"

"노수 그놈이 마 요즘 선산 일대에 안강 노씨 친척들 전답을 다 사들인다 카더라. 돈 한 푼 없어가아 절절매는 것들이 무신 양반이냐며 미친 소리를 지껄여대더라카이."

"뭣이 어쩌고 어째?"

"그놈이 주막 한구석에서 국밥 먹고 있는 나를 본 게 분명한데 내가 인사를 안 하이께로 배알이 뒤틀렸는지 미친 소리를 더 크게 지껄이더라. 철이 형 집 재산도 다 자기가 해준 거라고……."

"머, 머라꼬? 그 미친 노무 자슥 입을 잡아 째뿔라마, 만나기만 해봐라. 내 모가지를 부러뜨리 뿔끼다."

노상추는 분해서 입술이 떨렸다. 노수와 노철의 악연은 노상추가 태이니기 훨씬 전부터 시작됐다.

노철은 노상추의 할아버지 노계정의 셋째 아들로 태어났다. 노철은 태어난 그해 1722년 학관 노경륜의 후손 노계태가 후사가 없이 사망하자 그 집의 종사를 잇기 위해 양자로 들어갔다. 당시 혼자 살던 여흥 민씨가 노철을 양자로 맞이해서 지극한 정성으로 키웠다. 노계정은 이미 노철 위로 두 아들을 둔 상태여서 막내아들인 노철을 양자로 보내달라는 가문의 요청에 응했다. 그러나 양어머니 여흥 민씨는 노철이 열두 살 되던 해에 세상을 떠났고 노철은 삼 년 상을 꼬박 지냈다. 그 사이에 노계정은 노철의 두 형과 새로 태어난 넷째 아들마저 잃게 되어 슬하의 자식이 없게 됐다. 노계정에게 남은 아들은 양자로 보낸 노철뿐이었다. 노계정은 노철이 다섯 살 되던 해에 증광[46] 무과에 급제했고 열두 살 되던 해에 수문장[47]으로 첫 벼슬을 받아 관운이 열리기 시

---

46) 증광시(增廣試): 나라에 큰 경사가 있을 때 실시하던 임시 과거 시험

47) 수문장(守門將): 각 궁궐이나 성의 문을 지키던 무관 벼슬

작했다. 노계정은 집을 떠나 한양에서 관료로서 맡은 바 소임을 다 해야했기 때문에 노철은 정말 바빠졌다. 양부님 댁 제사도 받들어야 하고 본가 제사도 받들어야 하고 한양에서 수시로 아버지의 부탁이 내려오면 그 일도 해야 했다. 아버지께서 관리로 조선 팔도를 돌아다니실 때에는 임지에 함께 다니며 아버지 수발을 들었다. 그랬기에 노철에게는 노수의 도움이 필요했다. 그때 서사촌 지간으로 어릴 적부터 양부님 댁을 자주 드나들며 친구처럼 지냈던 노수가 나서서 쩔쩔매던 노철을 전적으로 도와줬다. 그는 머리가 잘 돌아가고 기민해서 일머리가 좋았다. 양쪽 집에 제삿날이 겹칠 때는 양부님 댁 제사는 노수가 맡아서 준비해 줬고 노철이 아버지 임지에 다니느라 고향에 없을 때에는 노수가 양쪽 집안 제사 준비를 다 해주기도 했다. 또 혼자 집을 지키시는 어머니께서 병환으로 몸이 약하셨는데 어머니 약을 지어다 주는 일도 마다하지 않았다. 노철은 비록 서얼이었지만 노수에게 항상 고마워하며 아버지에게 노수에 대해 자주 이야기했고 노계정도 노수를 좋게 보고 있었다. 1742년 노계정은 전라 우수사로 임명되어 전라 수영에 있었을 적에 노철에게 말했다.

"철아, 니 범중엄의 의전택 고사를 아나?"

"예, 압니더. 송나라 문정공 범중엄께서 참지정사로 계실 적에 자기 돈 일천 묘로 전답을 사들여 거기에서 나온 소출로 집안 친척들의 식량을 대시고 조상을 받드는 제사 비용으로 쓰셨다는 이야기 아입니꺼."

"그래, 맞다. 니는 그 고사에 대해 어떻게 생각하나?"

"예, 가난했던 범중엄이 재상이 되어 부귀를 누릴 때 이를 다른 곳에 쓰지 않고 가난한 친척들을 구제하려 했던 것은 참으로 귀한 일이라 생각합니더."

"그래. 내도 임금님의 은혜를 입어 이렇게 전라 우수사까지 되고 보이 내 혼자 부귀영화를 누리는 것보다는 우리 안강 노씨 가문에 배곯는 사람이 없도록 돌봐주는 것이 내가 할 일이라 생각해서…….”

"그래서요?"

"내가 돈 270냥을 내서 의계(義稧)[48]를 만들라 칸다. 이 돈으로 땅도 사고 물자도 사들여서 거기에서 나온 소출이나 이익금으로 우리 안강 노씨 가문의 제사를 받들고 어려븐 친지도 도울라 칸다."

"그라믄 마 그 의계 일을 누가 돌보겠십니꺼?"

"내는 지금 관직에 있어 가아 재물을 만질 수 없다 아이가."

"그럼 지가 할까요?"

"아이다. 아부지가 전라 우수사인데 니가 전답을 사들이고 돈을 굴린다 소리가 조정에 들어가면 우예 되겠노? 믿고 맡길 만한 사람이 없겠나. 이런 일은 정직해야 하고 셈에 빠르고 세상 돌아가는 일을 잘 알아야 하느니라."

"노수가 어떻습니꺼? 그 아아가 그래도 머리가 좋고 일을 확실하게 하니더."

"내도 그 아아를 생각하고 있었다. 지금까지 그 아아가 일은 똑 부러지게 하더라."

"맞습니더. 수를 시키소."

"그래. 그랄까?"

그 해에 노철과 노계정이 휴가로 선산 집에 왔을 때 노수를 집으로 불렀다. 노계정은 노수를 밖에 세워두고 말씀하시지 않고 방안에 불러다 앉히시고 서얼이 아니라 집안 조카를 대하듯 대해주셨다.

"수야, 여기 270냥이 있다. 우리 집안이 다시 일어나고 몬 일어나고는 다 니 손에 달렸다. 나는 니를 서얼이라 생각하지 않고 친조카 맹쿠로 생각한다. 니가 이 돈을 잘 관리해서 불리게 되믄 내가 관직을 끝내

---

48) 의계(義稧): 족친(族親) 가운데 빈궁한 자의 관혼상제를 돕거나 구제하기 위해 결성한 계.

고 집에 돌아오는 날에 크게 기쁘지 않겠나."

"나으리, 감사합니더. 제가 목숨을 걸고 맡은 바 소임을 다 하여 은혜를 갚겠십니더."

"그리고 지금 철이 양부님 집안에 제사를 철이가 하는 걸로 되어있지만 사실은 니가 다 안하나."

"아입니더. 지는 마 준비만 할 뿐이고 도련님께서 다 하시지요."

"철이나 나나 바쁘이께네 니가 계태 형님 제사를 맡아서 알아서 지내다오."

"그래도 되겠습니꺼?"

"그래. 적자나 서자나 조상 제사를 잘 받들면 다 복을 받게 된다 아이가."

"고맙심더. 고맙심더."

노수는 눈물을 글썽이며 자신을 믿고 큰돈을 내어주며 의계를 꾸려 나가라는 노계정에게 감사했다. 노철도 양부의 제사를 받들어야 하는 큰 짐을 노수가 가져가 줘서 퍽 기뻤다. 노수는 노계정에게 받은 돈 270냥으로 전답을 사들였을 뿐 아니라 소금, 의복, 건어물, 곡식 등도 사고팔아 큰돈으로 불려 나갔다. 노계정은 노수가 의외로 재리에 밝아 의계의 재산이 늘어나자 기뻐했다. 노계정은 노수로부터 주기적으로 의계 재산 변동 사항이나 수익금 및 지출 상황을 보고받고 누구에게 얼마씩 나눠주라 명했다. 하지만 직접 돈을 관리한다든지 사고 파는 일을 하지 않았다. 그런 일은 모두 노수에게 맡겼고 그를 믿었다. 노수에게 돈을 맡긴 지 11년이 지났을 즈음 노계정은 모든 관식에서 물러나 고향에 기거했다. 하지만 재물이 늘어갈수록 노수는 방자해져갔다. 의계 돈이 마치 자신의 돈이라도 된 듯 간이 배 밖에 나왔는지 어깨에 힘이 들어가 자신을 하대하는 양반들을 조롱하고 다녔다. 또 자신에게 존대를 받지 않는 하인들을 두들겨 패기도 했고 자신은 엄연히 학관공 종통을 있는 양반이라고 떠들고 다녔다. 그 소리를 들은 노철은 기가 막혔다. 노수가 제사를 맡은 것은 어디까지나 임시방편이었다. 그 사이 양부의 제사를 이어받을 자손인 노철의 팔촌 형제 노식은 장성하여 제사를 가져가겠다고 알려왔다. 노계정은 노식에게 정식으로 학관의 종통을 물려줬고 노수에게 편지를 써서 이를 알렸다. 노수는 편지를 읽고 분통을 터뜨렸다.

"내가 즈그들 재산을 그키 불리주고 지내기 싫은 제사 다 지내줬디만 이제 와서 제사를 쏙 빼가? 서얼이라 안된다 이기지? 내 가만 않있을끼이다."

노철은 노수가 점점 변해가는 것을 눈치채고 걱정을 하고 있었다. 노철은 아버지와 노수의 문제를 심각하게 의논했다.

"아버지, 수가 저렇게 자기가 서얼이 아니라 양반이 됐다고 떠들고 디니니 말이 많습니더. 우짜실랍니꺼?"

노철이 물었다.

"마, 내비둬라. 식이가 이제 나이가 됐으이 한양에 올라가서 예조에 노계태 어른 제사를 받드는 자손이 니에서 식이로 바꾸겠다고 정식으로 고하면 다 끝난다."

그 때 밖에서 발자국소리가 소란스럽게 났다. 노계정이 문을 열고 밖을 내다보니 노수가 화가 났는지 시뻘건 얼굴로 사랑채 마당에서 큰 소리로 떠들기 시작했다. 아버지는 사랑채 마루로 나가 노수를 내려다봤다.

"참말로 너무 하십니더."

"뭐가 너무하단 말이고?"

"제사를 모시는데 적서가 따로 있냐고 하시고 제사를 잘 모시면 복을 받는다고 하시지 않았습니꺼."

"내가 그랬다. 그런데?"

"그 말씀을 하실 때 지는 마 제사 잘 받들믄 저와 제 동생이 학관공 종통을 잇게 해주신다는 뜻으로 알아들었습니더. 아입니꺼?"

"그건 니가 잘못 알아들은 기이다. 나라의 국법이 지엄한데 니 맘대로 적서의 구분을 무너뜨릴 수 있나. 그건 니 힘으로 되는 것도 아이고 내 힘으로 되는 것도 아이다."

"와 안됩니꺼? 대감님께서 힘을 써주시믄 족보 이름 앞에 있는 서(庶)자 하나 지우는 기 머가 그리 힘들겠십니꺼? 노계태 어른은 제 백부님이십니더. 우리 백부님 제사를 와 가까운 핏줄을 옆에 두고 사돈에 팔촌도 안되는 대감님 친척에게 넘겨야 됩니꺼? 참말로 너무하십니더. 너무 하신다꼬요."

노수는 땅바닥에 퍼질러 앉아서 목소리를 높여 울었다. 노계정은 혀를 차며 방문을 닫았다. 그때 노철이 나와 노수를 끌고 나와 주막으로 데려갔다. 노철은 노수에게 술을 건네며 달랬다.

"수야, 울지 마라."

"내는 와 제사를 몬 지내노. 니랑 내가 다른 기이 머꼬? 니가 제사상에 올린 조기에는 금태를 둘렀드나 은태를 둘렀드나. 내가 올린 조기나 니가 올린 조기나 정성은 매한가지 아이가?"

"그라지."

"그란데 와 내는 안되고 사돈에 팔촌도 안되는 그 노식이라카는 아는 양자가 되노? 우리 백부님 제사를 와 니 팔촌 동생한테 주노 말이다아."

"나라의 법이 그라이 마 우짜겠노."

"내가 매번 백부님 제사 지낼 때마다 얼마나 빌었는 중 아나? 내도 인간 구실하고 살게 해달라고 얼마나 빌었는 중 아나? 서자는 뭘 해도 안된다. 과거도 몬 보고 제사도 몬 지내고. 니가 내 원통한 심정을 아나? 아느냐고? 엉엉……."

"법이 그란 걸 우야겠노. 그만 울어라."

노철은 눈물을 철철 흘리는 노수를 불쌍하게 생각했지만 막되게 나오는 노수에게 화가 나고 있었다. 일단 노철은 노수를 잘 달래서 돌려보냈다. 자기 대신해서 열심히 제사를 지내고도 소원을 이루지 못한 노수를 동정해서였다. 하지만 노계정은 몇 달 동안 고민을 하다가 결국 11년전 노수에게 맡겼던 의계를 회수하기로 결정했다. 그가 노수를 불러서 의계를 회수하겠다고 말했을 때 노수는 노계정이 그렇게 나올 줄 알았다는 듯 차분하게 말했다.

"나으리께서 11년 전 제게 주신 270냥으로 제가 신기에 입석전 30마지기랑 공수포에 밭 30마지기를 샀습니더. 그 땅문서는 지금도 갖고 있고요. 아시지요?"

"그래, 안다."

"지금 의게에 그 땅문서 말고도 금이 400냥 어치 정도 되고요, 소금이랑 면포랑 곡식이 한 천 냥 어치 정도 되는데 지금 선산 객주 창고에 있심더. 우선, 토지 문서랑 금은 바로 갖다 드리고요, 소금이랑 면포랑 곡식은 제가 처분해서 돈으로 갖다드리겠십니더."

"그래라. 그럼 언제쯤 될꼬?"

"마 두 달 정도 걸릴 테니 제가 마 올해 11월 11일까지는 처리해 드리겠십니더."

"알았다. 가보거라."

노계정은 노수에게 금과 땅문서를 받고 객주에 있는 물건을 두 달 안에 처분해 천 냥을 더 주겠다는 노수의 말을 믿고 기다렸다. 약속한 날짜가 다가왔을 즈음 노계정이 출타하고 집으로 돌아오는 길에 노수의 집을 지나고 있었다. 노수의 집에서는 여자의 비명소리가 하늘이 찢어질 듯 울려 퍼지고 있었다.

"아아악!"

"네 이년! 사실대로 고하지 못할까!"

노수의 목소리였다.

노계정은 깜짝 놀라 무슨 소리인지 알아보라고 하인을 보냈다. 노수의 집 앞에는 지나가던 사람 몇몇이 모여들어 고문당하고 있는 여자를 불쌍하다는 듯 쳐다봤다.

"네년이 내가 죽월공 어른께 드리려고 마련해둔 돈을 훔쳐간 것을 내다 안다. 이실직고하고 돈을 내놓아라!"

"내가 훔쳐가지 않았습니더. 돈이 있는지도 몰랐심더. 와 이라십니꺼?"

"아니 저년이 끝까지 부인하다니, 얘들아, 저년 입을 찢어라!"

노수는 불쌍한 여종의 입을 찢고 주리를 틀었다. 그 여종의 비명소리가 온 동네에 울려 퍼지자 노수의 집 앞에는 더 많은 사람들이 모여 웅성거리기 시작했다. 하인은 돌아와 노계정에게 고했다.

"지금 고문받는 사람은 원래 노수 종택에 있던 여종 상랑이라 하온대 지금은 노수의 행랑에 산다 캅니더. 어제 도둑이 들어 어른께 드릴 돈이 사라졌다며 여종한테 돈을 안 내놓으면 죽이 뿌린다 카면서 모질게 고문하고 있답니더."

노계정은 그 말을 듣는 순간 노수를 흉악한 간계를 꿰뚫어 보았다. 여종은 돈을 훔치지 않았다. 노수는 노계정의 돈을 떼어먹으려 농간을 치는 것이었다.

"하늘이 알고 땅이 압니더. 도둑이 들지도 않았는데 지한테 와 이라시는 깁니꺼? 죄없는 나한데 누명을 뒤집어씌우다니. 노수 네 이노옴, 하늘이 무섭지 않느냐! 으윽……."

불쌍한 여종 상랑은 볼기짝으로 곤장을 맞다가 정신을 잃었다. 노계정은 고심했다. 돈 문제로 노수와 다투게 된다면 불리한 것은 노계정이었다. 청백리라 칭송받으며 평생 조심하고 살았다. 비록 은퇴했더라도 서족과 돈에 얽힌 문제가 있다는 게 세상에 알려지면 좋을 게 없었다. 또 전라수영에 있을 때 전함을 수리하고 둔전을 간척하여 만이천 냥이나 돈을 마련하여 국고를 튼튼하게 했지만, 돌아오는 것은 대간의 탄핵이었다. 국고와 관련된 일을 할 때마다 개인 영리를 꾀했다는 투서와 탄핵이 사방에서 날아왔다. 비록 의계라도 돈 문제이기 때문에 노수 같은 놈이 날뛴다면 평생 쌓아온 청백리라는 명예가 한순간에 무너질 수도 있었다. 백만 대군을 지휘하던 장군 노계정은 결코 노수 같은 놈의 간계에 넘어갈 사람은 아니었다. 마음만 먹는다면 하인들을 풀어 노수의 집을 덮친 후 돈을 찾아내고 노수의 거짓말을 밝혀내어 곤장이라도 칠 수 있었다. 하지만 노계정 같은 명망 있는 인사가 간악한 서얼 노수와 붙는다는 것 자체가 노계정에게 치명타가 될 수 있다. 그런 사실이 한양 조정에 알려진다면 다시는 임금님의 부름을 받지 못할 수도 있고 신신 일대에서도 손가락질받을 게 분명했다. 노계정은 결국 이 문제는 드러내지 않고 끝내는 게 상책이라 결론을 내렸다. 노계정은 노수를 불렀다. 노수는 뻔뻔스런 표정으로 억울하다는 듯 말했다.

"나으리, 객주에 가서 물어보십시오. 지가 마 두 달 동안 소금과 면포와 곡식을 팔아가아 천 냥을 마련했습니더. 그런데 그 상랑이라는 년이 훔쳐가는 바람에……. 이제 곧 실토할 것이니……."

"시끄럽다. 여종의 고문을 그쳐라. 천 냥을 탕감해 줄 터이니 이걸로 끝을 내자."

"참말이십니꺼?"

노수는 비실비실 웃는 표정으로 돌아갔다. 여종은 혹독한 고문으로 이미 죽었다. 노철이 사랑채 안방에 와서 아버지의 안색을 살폈다. 노계정은 화가 나서 눈을 감고 있었다. 노철이 말했다.

"노수 저놈이 아부지 돈 천 냥을 우쨌을까요?"

돈의 행방은 그 일이 있은 지 삼 년 후에 드러났다. 1755년 선산 일대에 극심한 흉년이 들어 모든 사람이 굶어죽을 지경에 이르렀다. 땅 주인들은 한톨의 쌀을 사기 위해 문전옥답까지 팔려고 내놓았다. 노수는 때를 놓치지 않고 그때 매물로 나온 전답을 헐값에 하들여 선산 일대에 제일 가는 부자가 됐다. 노계정은 의계의 돈으로 그가 거부가 됐다는 걸 알았다. 하지만 어쩌랴! 양반 체통에 서얼과 얼굴을 부딪히며 네 돈이니 내 돈이니 할 수가 없었다. 마음 같아서는 간악한 날강도 노수를 당장이라도 잡아들이고 의계 돈으로 산 전답을 받아내고 싶었지만, 명망 높은 청백리로써 그럴 수는 없었다.

노상추의 아버지 노철은 노수가 거들먹거리고 다니는 모습이 눈에 뜨일 때마다 분을 가라앉히지 못했고 자초지종을 노상추에게 상세히 말해줬다. 그 말을 들은 노상추는 노수라고 하면 철천지원수로 생각했다. 언젠가 걸리기만 하면 요절을 내리라 굳게 다짐했다.

노상추는 갑자기 효득 형이 노수 이야기를 하는 바람에 지난 날에 있었던 길고 긴 이야기를 효득 형에게 들려줬다. 형은 가만히 다 듣고 나서 한숨을 푹 쉬더니 말했다.

"마 그 서얼 자슥이 조만간에 이 집에 올 태세던데."

"뭐라꼬? 그놈이 무슨 낯짝으로 우리 집에 기어들어 오노?"

"마, 할 말 많은 갑더라."

노수는 효득 형 말대로 며칠 후에 노상추의 집에 당당히 찾아왔다. 노상추가 사랑방에 있는데 초당에서 큰 소리가 나 나와 봤더니 노수가 아버지가 계신 초당 앞에서 떠들어대고 있는 것이었다. 효득 형 말대로 말할 수 없이 사치스럽게 치장한 노수는 거짐없이 무엄한 말을 지껄이고 있었다.

"아 말이면 바른 말이지, 제가 전에 드렸던 그 의계 돈 알고 보면 제가 다 불린 거 아입니꺼. 그라이 그 돈의 반은 마 시한테 돌려주소."

아버지는 그 소리를 듣고 기가 차서 대꾸도 하지 않으셨다. 노상추는 사랑채 안방으로 가서 벽장에 있던 할아버지의 칼을 들고 초당으로 걸어갔다.

"와, 서얼 자슥이 또 와서 지랄한다 이기야? 그라믄 마 양반들은 와 셈이 그래 흐리노? 원래 대감님이 주신 돈은 270냥이 전부였다. 그란데 11년 동안 불려서 갖다드린 기이, 마, 천 냥은 되는데 그라믄 그 반은 내한테 다시 돌려줘야 할 꺼 아이가? 안 글라? 말해봐라, 말해봐라!"

노상추가 초당채로 다가가자, 노수는 빈정대듯 말했다.

"니 상추 아이가? 니는 어른 보고 인사도 안 하나?"

"적서의 구분이 엄연한 나라에서 말을 조심하게. 상중에 계신 아버님께 와서 이게 무슨 패악질인고! 당장 물러가지 못할까!"

"니는 눈이 보이는 기이 없나? 내가 니 삼촌뻘 되는 사람이야. 니가 먹고 입는 거 다 내 손에서 나온 기야. 니는 양반인데도 어른의 은혜도 모리고 아래 우 구분도 몬 하는 가보지?"

노상추가 분노에 이글거리는 눈빛으로 말했다.

"잘 들으래이. 할아버님과 아버님은 니한테 인정을 베푸셨을지 몰라도 내는 인정 같은 건 없다. 니 눈에 이 칼이 보이나? 할아버지께서 전라 우수사 하실 때 임금님께서 너같이 적서 구분도 못하고 나라의 질서를 어지럽히는 흉악무도한 자를 단칼에 베어버리라고 주신 기이다. 내가 지금 이 칼을 빼서 니 배를 갈라주랴?"

노상추의 위압적인 사각턱과 살기 어린 눈빛에 기가 죽었는지 노수는 어물쩍 뒷걸음치며 집을 나갔다. 초당채 문을 열어보니 아버님은 누워 계셨다. 노상추의 눈에는 비단 도포자락과 백옥 풍잠이 계속 밟혔다. 할아버지의 재산을 탈취하고 불쌍한 여종에게 죄를 뒤집어 씌워 죽이고도 뻔뻔스럽게 아버지 앞에 나타나 의계의 절반이 자기 것이라 말하는 그런 흉칙한 놈이 다 있다니. 이 대명천지에 국법은 어디 있단 말인가. 서얼 자식들은 노비나 양인들과 다르게 더 악랄하고 더 간악한

자들이다. 할아버지와 아버지가 저런 놈을 불쌍히 여겨 동등하게 대해 주려 했던 것이 화근이 됐다. 저런 서얼 놈들이 주제를 모르고 양반에게 기어오를 때는 확실히 밟아놔야 한다. 양반이 저런 서얼 놈들의 농간에 당하면 안 된다. 노상추는 아버지의 허리를 주물러 드리며 언젠가 노수 그놈을 단단히 손봐주리라 맹세했다.

8. 마침내 득남

1764년 · 갑신년 · 영조 40년 · 10월 · 18세

어머니가 돌아가신 지 넉 달이 지나갈 즈음 가을이 깊어 가는 시월 아흐레에 노상추는 드디어 아들을 얻었다. 노상추는 강보에 쌓인 아들을 안고 감격에 겨워 눈물을 흘렸다.

"어무이가 가시면서 우리가 너무 슬퍼할까 봐 이렇게 아들을 주셨 능가."

노상추가 중얼거리다가 아내를 보니 아내는 자고 있었다. 옆에는 장인어른이 보내주신 산파가 있었다.

"나으리, 아드님을 순산하신 것을 축히드립니더."

"고맙네. 이렇게 무사하게 출산하게 되니 참 기쁘구마."

어머님께서 출산하시다 돌아가신 일이 큰 충격이었던지 아내는 출산하기 전부터 밥도 잘 먹지 못하고 잠도 잘 자지 못하면서 무서워했다.

"생각을 와 그래 하노. 어무이는 어무이고 당신은 당신이지. 당신은 이렇게 젊은데 와 자꾸 어무이 생각을 하미 불안해하노 말다."

"지도 마 어무이랑 지는 다르다고 생각하는데 막상 눈을 감으면 자

꾸 돌아가신 어무이 얼굴이 떠올라가아…….”

"치아라! 그란 생각 하지 마고 앞으로 태어날 아기 얼굴을 생각해라. 얼매나 좋노!"

노상추는 평소답지 않게 마음 약한 소리를 하는 아내를 타박했다. 아내도 그렇고 노상추도 그렇고 아무리 좋은 것만 먹고 좋은 것만 보고 좋은 소리만 들으려고 해도 어디에선가 스멀스멀 불안이 피어오르는 것을 막을 수는 없었다. 불안해했던 것에 비하면 실제로 출산은 아주 순조로웠다. 하혈도 많지 않았고 해산도 오래 걸리지 않았다. 아내가 체구도 튼튼하고 힘이 좋아서 아들을 순산한 것이다.

"아부지, 보이소. 아들입니더. 아들! 우리 집안을 이어 나갈 아들이라예."

"그래, 그래. 수고했데이. 이보다 더 장한 일이 우데 있겠노. 며늘아기야, 고맙데이."

아버지는 옆에서 아이를 안은 노상추를 보며 흐뭇해했다. 아내가 뭐라고 대답을 할 법도 한 대 아무 소리가 없자 아버지는 아내의 얼굴을 쳐다 봤다. 보통 아내 같으면 웃으며 다정하게 대꾸했을 텐데 눈을 뜰 힘도 없는지 숨만 크게 쉬고 뒤척였다. 아버지는 며느리가 쉬도록 얼른 자리를 뜨셨다.

"내 죽잠에 다녀오마."

아버지는 대문에 걸린 금줄을 보시고 환하게 웃으셨다. 아들이 태어났으니 아버지와 노상추에게는 그보다 더 큰 기쁨이 없었다. 노상추는 아침저녁으로 곡을 하고 소식(素食)[49]을 하는 탓에 힘이 없었지만, 끝없이 찾아오는 조문객들을 대접하고 논으로 밭으로 돌아다니며 추수하는 일을 감독해야 했기 때문에 눈코 뜰 새 없이 바빴다. 고달프고 바

---

49) 소식(素食): 고기반찬이 없는 식사.

쁜 와중에도 태양처럼 환하게 웃는 아들 생각을 하면 온몸에서 힘이 솟았다. 드디어 우리 집안에 서광이 비친다. 지난 몇 년 동안 우리 집을 덮쳤던 우환들이 이제는 물러간다. 노상추는 그렇게 생각하며 열심히 공부하고 열심히 일했다.

"저어 나으리, 작은 마님이 열이 오르십니더. 약을 지어 드시는 기이 좋겠심더."

산파가 집에 돌아가며 그렇게 말했다. 아내는 해산한 지 나흘 만에 열이 올랐다. 아내는 턱을 덜덜 떨고 이불을 뒤집어썼다.

"아이고 추워라, 춥다. 추워어어, 으흐흐흐흐. 뭐하느냐? 방에 불을 넣어라. 춥단 말이다."

아내의 산바라지를 하는 옥단이는 하루에 몇 번씩 군불을 지폈다. 방이 절절 끓게 해도 아내는 계속 춥다고 했다. 노상추는 가슴이 덜컥 내려앉았다. 아버지께서도 유람을 다니는 일을 제쳐두고 집으로 오셨다. 서재종숙(庶再從叔) 노윤이 한달음에 달려왔다.

"상추야, 질부는 어떻노?"

"열이 마이 나고 오한이 들어가아 아무리 방에 불을 때도 춥다 캅니다."

"그라믄 내가 오천운 어른께 다녀오꾸마."

"야, 아재요, 고맙심더."

"별말을 다 한다."

노윤은 오천운 어른에게 가서 증세를 상세히 말씀드리고 아이를 낳은 후 산모가 열이 날 때 효험이 있다는 양혈지황탕(涼血地黃湯)을 처방받아 왔다. 옥단이가 약을 달여서 먹여봤지만 열은 내리지 않았다.

"으흐흐, 춥다. 춥데이, 춥아……. 으흐흐흐……."

아무리 불을 때도 아내는 계속 춥다고만 했다. 아이에게 젖을 물릴 힘도 없어서 노상추 아들은 유모가 젖을 먹였다. 아버지께서 권의원을 찾아가 상세히 증상을 말하고 양혈지황탕을 계속 먹이라고 해서 약을 한 첩 더 지어오셨다. 노상추는 얼른 약을 달이게 해서 방으로 가져오게 한 다음 아내에게 말했다.

"자, 약 묵아라. 이 약 무면 이자 낫는다. 자, 일어나라."

노상추가 겨우 아내를 일으켜 세워 앉혔다. 아내는 멍한 얼굴로 일어나 앉더니 갑자기 슬피 울기 시작했다.

"으으으으으윽, 으으윽······."

"와 우노? 와? 괘안타. 약 무면 이제 낫는다."

"으어어어억······."

아내는 이불 위로 쓰러져서 하염없이 울었다. 노상추는 기가 막혔다. 남편이 이렇게 약을 먹여주는데 뭐가 서럽다고 이렇게 울어대는 것인가.

"와 우노 말이다. 내가 뭘 어쨌다꼬?"

"으어어어어, 억."

노상추는 끝내 아내에게 약을 먹이지 못하고 옥단이를 불렀다.

"작은 마님이 울기를 그치시거든 이 약을 드시게 해라."

"예."

정택신 형이 왔다고 해서 노상추는 아내의 방을 나왔다. 택신 형은 노상추의 안색을 살피며 말했다.

"니가 마음이 많이 괴롭겠구나."

"괘안습니더. 아녀자들이야 다 아이를 낳은 후에는 저렇게 고생을 한다 아입니꺼."

"그래. 근데 와이리 애볐노(말랐냐)?"

"지가 애볐십니꺼?"

"그래. 사흘에 피죽 한 그릇도 못 묵은 얼굴이다. 어머님 상을 치르는 것도 아들을 기르는 것도 아내를 보살피는 것도 다 힘이 있어야 하니라. 예기(禮記)[50]에 보믄 상 중에라도 병이 있으면 고기나 술을 먹어도 된다고 했다. 니가 쓰러지면 안 된데이. 힘이 부치거든 우선 잘 먹어라."

"알겠십니더."

"그란데 우리 아부지께서 문중 어른들 만나러 대구에 가신다꼬 말 안장을 좀 빌려오라 카더라. 말 안장을 빌려갈 수 있겠나?"

"하모요. 제가 손돌이한테 시켜서 말 안장 갖다드리라 카께요."

"상추야, 고맙데이."

"별말씸을 다 하십니더."

택신이 형이 사랑채를 나가는데 안채에서 아내가 우는 소리가 들려왔다. 택신이 형은 차마 위로의 말을 찾지 못하고 노상추의 손만 굳게 잡아준 채 집을 떠났다. 노상추가 여동생과 아들을 보려고 안채 문간방으로 다가갔다. 문간방 댓돌 위에는 유모와 옥단이의 짚신이 나란히 있었다. 유모와 옥단이가 말하는 소리가 들렸다.

"작은 마님께서 와 저라실까요?"

"아이를 낳은 후에 산모들이 저런 광증(狂症)에 걸린다 아이가."

"광증이라이? 그게 뭔교?"

"옛날에 우리 동네에 어떤 아지매는 아아를 낳은 다음에 자기 아를 보고 자꾸 닭이라 카는 기라."

"아를 보고 닭이라 칸다꼬요? 그 아지매가 미쳤는가?"

"미친 정도 아이라 카네. 자꾸 닭이라 카다가 나중에는 닭을 잡는다고 즈그 아를 목 졸라 죽이뿟다."

"머라꼬? 시상에 끔찍하데이."

"죽이고 보이 자기 아아더란다."

---

50) 예기(禮記): 유학 오경 중 하나로 의례에 대한 해설과 예의 근본정신에 대해 밝힘.

"그기 참말로 있었던 일인가?"

"참말이라이카네. 작은 마님도……."

노상추는 더 이상 듣지 못하고 '에헴'하고 기침 소리를 냈다. 안에서는 화닥닥 소리가 나면서 옥단이가 문을 열고 버선발로 뛰쳐나와 머리를 조아렸다.

"아이구 도련님 오셨능교."

"그래. 아아들은 잘 지내고 있나?"

"야야. 애기씨도 도련님도 다 젖 잘 드시고 잠도 잘 자고 계십니더. 걱정하지 마이소."

노상추는 친절하게 말하는 듯했으나 눈빛으로 두 하인들에게 입방정을 떨지 말라는 주의를 주었다. 두 하인은 머리를 조아리며 어쩔 줄을 몰라 했다. 노상추는 발길을 돌려 안채 건넌방으로 갔다. 아내 곁에는 효명이가 있었다.

"오라버니, 언니는 지금 막 잠들었십니더."

"그래, 고맙다. 좀 어떻노?"

"열은 떨어졌는데……."

"그란데?"

"마, 자꾸 이상한 소리를 한다 안 하요?"

노상추는 머리칼이 다 일어서는 것 같았다. 자기도 모르게 큰 소리로 말했다.

"무신 소리?"

효명이가 아내기 깰까 목소리를 낮추며 노상추에게 말했다.

"내가 정말 기가 맥혀서……. 조금 전에 약을 겨우겨우 맥여서 자리에 눕혔는데 갑자기 눈을 번쩍 뜨더니 내보고 하는 말이 시어마씨가 자기를 죽일라 캤다 카는 거라요."

노상추는 그 말을 듣고 맥이 풀렸다. 올 것이 왔구나.

"시어마씨가 자기를 죽일라꼬 밥에 독을 탔다는 둥, 우물에 자기를 떠밀었다는 둥. 내사 마 듣고 기절할 말을 막 해대이 정신이 하나도 없어가아. 내가 아이라꼬 아이라꼬 그런 말 하지 말라꼬 아무리 캐도 같은 말을 또 하고 또 하고. 마, 돌아 뿌리겠더라꼬요."

노상추는 정신이 아득해졌다. 하지만 다시 마음과 정신을 추스르고 효명이에게 이야기했다.

"일단 효명이 니가 언니 옆에서 좀 돌봐주거라. 언니를 아랫것들이 보지 몬하게 하고 언니한테 아아를 보이주지 말아라. 아한테 해코지할 수도 있으이까네 절대 아를 방에 들이지 말아라. 알았나?"

"예."

"그라고 이 사람은 형수랑 니가 돌아가며 돌봐라. 내가 형수한테 잘 말하꾸마. 술증이랑 희증이는 위단이한테 보라 칼끼다."

그날 오후에 이버지의 벗 이회장 의원께서 집에 들르셨다. 의원은 그날 하루 집에 주무시면서 노상추 아내의 증상에 대해 여러 가지로 조언을 주셨다.

"산모가 출산하면서 피를 많이 흘리모 몸이 쇠약하게 되고 삿된 기운이 심장을 침범해서 미친 소리를 하게 되네. 정신이 흐려지고 갑갑해하고 발광하는 것이 꼭 귀신들린 것 같이 되지."

그 말을 듣고 노상추는 한없이 절망스러웠다. 노상추는 이런 경우는 처음 보았다. 어머님처럼 아이를 낳다가 죽는 경우는 봤어도 아이를 낳은 후에 귀신 들린 사람처럼 된다는 것은 듣도 보도 못한 일이었다. 노상추가 간절하게 물었다.

"저러다가도 잘 낫지요? 아아를 낳은 후에 쇠약해졌다가 약도 잘 묵고 식사 잘하면 원래대로 되돌아오지요?"

"하모. 너무 걱정하지 마라. 내는 저런 경우를 마이 보았니라. 다 산다."

노상추는 그 말이 힘이 됐다. 아버지께서는 어두운 표정으로 물어보셨다.
"그럼 우예야 되겠십니꺼?"
"내가 처방전을 써주고 갈 터이니 약방에 가서 약을 지어 먹이도록 하게. 자네 며느리는 열이 자궁에 침입하여 생긴 병이니 열을 풀어주는 시호사물탕과 황련해독탕을 쓰는 게 좋겠네."
"고맙심더."
"상추야, 고비를 잘 넘기면 된다. 걱정하지 말고 마음을 굳게 먹어라."
의원님과 이야기를 하고 있는데 손님이 오셨다고 하여 나와보니 평성의 친척형 김몽의 진사와 그의 동생 한림(翰林)51) 몽화 형이 왔다. 형들은 조문하고 사랑채 손님방으로 들어갔다. 몽화 형이 한양에서 내려와 잠시 고향을 방문하고 올라가는 길에 형과 함께 노상추의 집을 방문한 것이다. 몽화 형이 말했다.
"상추야, 마음이 마이 힘들제? 하지만 선비는 힘들수록 뜻을 높이 세우고 학문에 정진하는 법이다. 어려울수록 선현의 가르침을 마음에 새기고 견뎌내거라."
"형님, 고맙심더."
몽화 형의 따뜻하면서도 굳센 격려에 노상추는 눈물이 났다. 몽화 형은 예문관 한림으로 주상전하의 말씀과 행동을 기록하는 사관이었다. 상추는 몽화 형이 부러웠다. 문과에 급제한 것도 부러운데 임금님을 가까이서 뵐 수 있는 한림에 오르다니 신비가 갈 수 있는 최고의 길을 가고 있었다. 한림으로 시작한 사람들은 정이품 자리에까지 무난하게 오른다고 봐야 한다. 그래서 영남 선비에까지는 자리가 거의 오지 않았고

---

51) 한림(翰林): 왕의 교서를 짓는 일을 맡아보는 예문관(藝文館) 소속 정9품 전임 사관(專任史官).

주로 서울의 권문세가 자식에게나 가는데 몽화 형이 그 어려운 자리에 올라가다니 정말 놀라운 일이었다.

"형님, 어떻게 하면 형님처럼 문과 급제를 해서 한림이 될 수 있습니꺼? 참말로 부럽심더."

"그런 기이 머가 부럽노. 내는 고향에서 학문에 정진하시는 아재가 제일 부럽다."

몽화 형은 언제나 기품이 넘치는 선비였다. 노상추는 몽화 형에게 요즘 조정에서 일어나는 일에 대해 더 듣고 싶었지만 밀려드는 조문객들을 맞이해야 하고 안채의 아내가 걱정이 되어 오래 이야기를 나누지는 못했다. 사랑채까지 아내의 울음소리가 들릴까 마음이 조마조마했다. 다음 날 아버지께서 직접 약방에서 약을 지어와서 먹여봤지만 별 효험이 없었다. 노상추는 안되겠다 싶어서 하인을 처가댁에 보내 장인어른을 모셔 왔다. 장인께서 방문을 열고 들어가시자 아내는 일어나 앉았다.

"아부지요, 아부지요."

아내는 장인의 손을 잡고 울었다. 장인도 딸을 끌어안고 한참 울었다.

"그래, 고생 많았제?"

장인의 말씀에 아내는 고개를 저으며 괜찮다고 했다.

"아입니더. 괘안십니더. 아부지, 이렇게 아부지까지 오시게 해서 죄송합니더."

"아이다. 니가 얼마나 놀랬노. 다 아아를 낳으면 이런 일을 겪는다. 괘안타."

장인은 딸의 등을 쓰다듬어주며 눈물을 흘렸다. 노상추는 아내가 장인을 보고 정신이 돌아온 듯 평소답게 말해서 깜짝 놀랐다. 친정아버지를 만나니 비로소 아내가 안정을 찾아갔다. 장인께서 함께 계시는 며칠 동안 아내는 언제 그런 일이 있었냐는 듯 원래 차분하고 밝은 모습으로 돌아갔다.

　10월 27일에는 친척들이 모인 자리에서 아버지께서 완복이를 가묘에 고하고 종가의 후사로 정해서 고조부 승지공의 제사를 받들도록 했다. 다음 날에는 선영에 가서 묘제사를 지냈고 집에 돌아와 식사했다. 식사 자리에서 아버지는 친지들에게 손자를 낳은 것을 축하받았다. 아버지는 며느리 안부를 묻는 말에 며느리도 건강하게 잘 회복하고 있다고 하셨다. 장인어른이 계시는 동안 아내는 회복이 되어 갔고 아버지는 제평에 있는 의원에게 처방을 받아 복령보허탕에 산약과 황금을 더 넣어서 돌아오셨다. 노상추는 위단이가 약을 달이는 것까지 지켜보고 약 그릇을 들고 방으로 들어갔다. 노상추가 아내를 일으켜 세우고 약을 숟가락으로 떠서 입에 넣어주자, 아내는 받아먹고 말했다.

　"제가 할 수 있습니더. 이제 그만 하이소."

　"아이다. 서방이 믹이 준다는데 와 그라노. 자, 삼키라."

　아내는 웃으며 약을 받아 먹고는 자리에 누웠다.

　"서방님, 아기가 보고 싶습니더. 아 델고 오라해 주이소."

　"안 된다. 아기가 있으면 당신이 쉬지 몬한다. 당신은 지금 몸이 마이 상해가아 아를 옆에 두면 안 된다. 아무 생각 말고 약 묵고 밥 묵고 푹 쉬라."

　"그래도 아기가 보고 싶은데요."

　"당신이 몰라서 그렇지 출산한 다음부터 몸이 마이 안좋다. 삿된 기운이 들어와서 정신이 흐려져 기이 이싱한 소리도 했다."

　"지가 참말로 그랬십니꺼?"

　"그래. 생각 안 나나?"

　"생각이 안 납니더. 지가 머라카등교?"

　"모르겠다. 잊아묵아 뿌렀다. 그기 중요한 기이 아이고 빨리 약 묵고 회복해야 아도 돌보지."

"저 이제 괘안십니더. 아까 전에는 아버님과 서실에서 앉아 있었십니더."

"그랬나? 장할세."

장인은 사랑채에 기거하시면서 아내를 돌보다가 증세가 점차 회복되자 집으로 돌아가셨다. 노상추는 장인을 멀리 동구 밖까지 배웅을 해드렸다. 장인께서는 헤어질 때 노상추의 손을 잡고 눈물을 흘리셨다.

"자네에게 면목이 없네. 부족한 아이지만 잘 부탁한데이."

"아입니더. 장인어른, 제가 죄송합니다. 이래 와 주셔가아 얼마나 고마븐지⋯⋯. 흑흑⋯⋯. 잘 돌봐서 꼭 건강을 회복하게 하겠십니더. 걱정 마이소. 덕돌아, 장인어른 집까지 편안히 모시거라."

"예."

장인어른은 덕돌이가 모는 말을 타고 집으로 돌아가셨다. 돌아오는 길에 노상추는 마음으로 한없이 울었다. 어머니를 잃고 아내까지 산후증으로 정신이 혼미해지는 일까지 겪자 자신의 삶이 송두리째 흔들리는 것 같았다. 아무리 정신을 다잡으려 해도 잡히지 않았다.

'사는 게 이런 건가. 산다는 것은 이런 일들을 겪어내는 것인가.'

사는 게 이렇게 힘든 일이라면 과연 내가 살아낼 수 있을까. 노상추는 자신이 키우던 희망의 나무가 바람이 몇 번 불자 뿌리째 뽑혀 나가는 걸 느꼈다. 연이은 불행에 자신이 얼마나 무기력한지 깨달았다. 앞으로도 이렇게 힘든 일을 겪어야 한다고 생각하자 살아갈 자신이 없어졌다. 심장을 독수리가 쪼아 먹는 것 같았다. 노상추는 차마 집에 돌아오지 못하고 논두렁에 서서 멍하니 곡식이 익어가는 들판을 한참 바라보다가 집으로 돌아왔다. 그날 저녁 노상추는 꿈을 꾸었다. 화려하게 채색한 아름다운 궁궐이 앞에 있었다.

'상추야, 들어가자.'

달신 형이 상추에게 말했다. 달신 형은 붉은 관복을 입고 있었고 노상추는 푸른 관복을 입고 있었다. 노상추는 머리를 조아리며 달신 형을 따라 당상으로 올랐더니 무관들이 주변에 열을 지어 서 있었고 그 중앙에 임금님께서 앉아계셨다. 임금님이 말씀하셨다.

'상추야, 이리 오너라.'

노상추는 임금님 앞으로 나아갔다. 임금님은 얼굴은 자세히 보이지 않았지만 다정한 표정이었다. 임금님께서는 노상추에게 수박 한 덩어리와 흰 쌀밥 한 그릇을 주셨다. 노상추는 너무나 황공한 마음에 수박과 쌀밥 한 공기를 받아 들고 몸을 뒤로 약간 돌려서 얼른 먹었다.

'다 먹었사옵니다.'

임금님을 다시 뵈려 몸을 돌렸더니 모든 것이 사라지고 사랑채 건넌방 천장이 보였다. 노상추는 벌떡 일어났다.

"헉, 헉. 하아⋯⋯."

노상추는 손을 심장에 대고 숨을 몰아쉬었다. 아직도 여기가 궁궐 같았다. 임금님 앞에서 느꼈던 그 긴장감과 설렘이 아직 고스란히 남아있었다. 하지만 곧 그 설렘은 파도에 모래가 부서지듯 사라져 갔다. 그 설렘이 사라지자 참으로 아쉬웠다. 현실이었다면 얼마나 좋았을까. 달신이 형과 같이 궁궐에 입사하여 임금님의 용안을 뵙는 인생을 살게 된다면 얼마나 행복할까. 밖에서 닭이 울었다. 노상추는 아주 오랜만에 참담한 현실을 떠나 마음속에 열망하던 그 순간을 꿈에서나마 느끼게 되어 기뻤다.

"아, 내가 임금님에게 수박과 밥을 빋아먹있다니, 이는 필시 내 앞날에 대한 예지몽일 터!"

노상추는 벌떡 일어났다. 머리를 빗고 이마가 터지도록 망건의 당줄을 잡아당기고 의관을 정제했다. 문을 열고 밖을 나가니 위단이가 세숫물을 대령해 놓았다. 세수를 깨끗이 한 후 노상추는 사랑채 누마루에서 아직 새벽 어두움에 갇혀 있는 선산의 마을을 내려다보며 마음을 다잡았다.

"그래. 나에게는 혹독한 현실도 있지만 그보다 더 빛나는 꿈이 있다. 왜 그걸 잊고 있었을꼬."

노상추는 요 몇 년 자신에게 일어났던 일들에 짓눌려 괴로워만 했던 자신을 반성했다. 현실이 가혹하면 가혹할수록 꿈은 더 밝은 빛을 뿜어내어 갈 길을 환히 비추어 준다. 현실이 아무리 가혹하다 해도 결코 꿈을 죽일 수 없다. 현실이 혹독하면 혹독할수록 마음속 꿈은 더욱 맹렬하게, 더욱 찬란하게 살아난다.

'상추야, 마음이 마이 힘들제? 하지만 선비는 힘들수록 뜻을 높이 세우고 학문에 깊이 정진하는 법이다. 어려울수록 선현의 가르침을 마음에 새기고 견뎌내거라.'

몽화 형이 안타까운 눈길로 노상추를 바라보며 진심으로 했던 말이 마음속에 되살아났다. 그리고 마음속으로 외쳤다.

'힘들수록, 더 높이 뜻을 세우고, 더 깊이 학문에 정진한다.'

노상추는 방으로 들어가 호롱불을 켠 다음 중용을 꺼내 열심히 읽으며 하루를 시작했다. 그날 오후였다. 노상추가 나루터 옆 논을 둘러보고 추수하는 일을 감독하고 들어오는데 대문에서 위단이가 발을 동동 구르며 있다가 노상추를 보니 쫓아와서 고했다.

"나으리, 지금 애기씨가 오시라 캅니더. 함 가보이소."

노상추가 빠른 걸음으로 걸어가 방문을 열고 보니 아내가 방바닥에서 이리저리 굴러다니며 온몸을 긁어대고 있었다. 머리도 긁었는지 머리 반은 삐져나와 있었다. 옆에서 효명이는 지친 표정으로 지켜보고 있었다. 둘이 몸싸움이라도 했는지 효명이의 옷매무새가 흐트러져 있었다.

"오라버니, 큰일 났습니더. 마 피가 나도록 온 전신을 긁고 있습니더. 제가 그만 긁으라꼬 손을 잡고 말렸더니 저를 막 떠밀어 내민서 저래 긁어댑니다. 보이소. 피 납니더."

"아이고 가려버라, 아이고 가려버……."

노상추는 아내의 손을 잡았다.

"와 이라노. 가려벼도 참아라. 이래 긁어대면 우야노."

"가렵다꼬, 가렵다꼬, 가려브니까 긁제!"

아내는 날카롭게 소리치며 계속 긁어댔다. 효명이는 이제 많이 지쳐 보였다. 노상추는 안 되겠다 싶어서 형수 방으로 갔다.

"형수요, 지금 효명이가 마이 지쳤습니다. 술증이랑 희증이는 위단이에게 맡기시고 우리 집사람 좀 돌봐주소. 아랫것들에게는 못 맡깁니데이. 부탁합니더."

형수는 잔뜩 볼멘 표정으로 고개를 끄덕였다. 노상추는 효명이가 자기 방으로 돌아가고 형수가 아내의 방으로 들어가는 것을 보고 초당에 가서 아버지께 말씀드렸다. 아버지는 제평에 가셔서 오천운 어른께 상의하시고 청비산 3첩을 지어오셨다. 노상추는 위단에게 약을 달이게 한 다음 직접 청비산 약을 먹였다. 약을 먹은 후 피가 나도록 긁는 증상은 멎어서 다행이었다. 오천운 어른이 저녁 무렵 집에 오셔서 어떻게 됐냐고 물으셨다.

"요 며칠 밤낮으로 몸을 피가 나도록 긁어댔는데 약을 먹고 지금 잠들었십니더."

"청비산은 독성을 제거하고 피를 맑게 해주는 약이니 효험을 봤구마."

"이렇게 와주셔서 고맙심더."

"아이다. 어려울 때 서로 돕는 기이 인정 아이겠나. 내도 걱정이 되가아 여기 와 보고 싶더라."

다음 날 아내는 또다시 헛소리를 하기 시작했다. 노상추가 가보니 형수가 잔뜩 골이난 표정으로 앉아 있었다.
"마, 도련님이 함 들어보소. 동서가 머라 카는가."
"형수님, 지금 이 사람은 정신이 온전치가 몬합니더."
"저년이 내 아아를 훔쳐 갔다 아이가."
아내가 밉살스럽다는 듯 형수를 노려보며 말했다. 노상추는 억장이 무너지는 것 같았다.
"아이다. 와 그라노."
"내는 저년이 내 아아를 노리고 있는 거 다 안다. 내 아를 빼앗고 나도 이제 쥑일라 카는 기다."
형수는 그 말에 고개를 뒤로 젖히며 도저히 못 참겠다는 듯 뒤돌아섰다. 아내는 형수를 향해 날카롭게 소리쳤다.
"니가 내 아아를 죽일라카는 거 내 모를 중 아나? 니 서방도 니가 죽였제?"
형수는 그대로 방문을 쾅 닫으며 나가버렸다. 노상추는 아내를 진정시키려 했다.
"여기 누워라. 와 그라노. 누워 있어라."
"내 아기 우옛노?"
"효명이가 잘 보고 있다."
"와 아기를 빼앗노 말이다. 엉엉엉······."
"울지 마라. 정신 차리라. 와 이라노?"
"저년을 조심하래이. 저년이 내 아아를 쥑일라······."
노상추는 화를 버럭내며 울었다.
"그만해라. 그만해. 엉엉······."
아내는 아주 심각한 목소리로 낮게 말했다.
"저년이 당신을 지 남편으로 할라 안하나, 쥑일 년······."
노상추는 아내를 끌어안고 엉엉 울었다.

"우야노, 우야노……. 이 일을 우야노 말이다…….."

다음 날 장인이 다시 오셨다. 집사람은 점점 정신이 혼미해져갔다. 장인이 와도 알아보지도 못했다. 형수는 화가 났는지 방에 틀어박혀 나오지도 않았다. 장인어른은 며칠 더 계시다가 집으로 돌아가셨다.

"아무래도 힘들 것 같데이. 저 아이 가는 길을 잘 부탁하네."

장인어른은 떠나셨다. 노상추는 이제 어찌할 바를 몰랐다. 이 일을 어쩌면 좋으랴. 어쩌면 좋으랴. 젊고 건강한 아내였는데. 정말 희망이 없는 것인가. 노상추는 참담한 현실을 받아들일 수가 없었다. 11월 말이 되어 갈수록 날은 더 추워졌고 아내의 병세도 위중해져갔다. 11월 26일 눈이 펑펑 내렸다. 형수가 방에서 나오더니 노상추에게 말했다.

"친정에 다녀오겠십니더."

노상추는 형수의 말에 화가 났다.

"사람이 오늘내일하고 있습니더. 지금 꼭 친정에 가셔야 되겠습니꺼."

"도련님도 들으셨지요. 저는 마 도저히 몬 있겠심더. 친정에 있다 오게 해 주소."

"형수님, 가족이다 아입니꺼. 동서입니더. 동서가 지금 사경을 헤매는데 꼭 지금 떠나셔야 되겠십니꺼?"

"지금 동서만 사경을 헤메고 있는 줄 아능교? 동서가 아무리 정신이 흐려져서 하는 말이라지만 그런 말을 듣고 도저히 동서와 한 지붕 아래에 있을 수가 없습니더. 보내주이소. 술증이와 희증이는 집에 두고 저 혼자라도 가겠심더."

그때 아버지께서 들어오시면서 말씀하셨다.

"가거라. 내가 윤이를 불러서 데려다 주도록 하끼구마."

윤이 아재가 아버지의 부름에 부랴부랴 달려와 마구간에서 소달구지를 꺼내 가마를 실은 후 떠날 채비를 꾸렸다. 눈은 점점 더 무섭게 왔다.

이런 날에도 집을 떠나려는 형수가 야속하고 또 야속했다. 형수는 진절머리가 난다는 표정으로 궂은 날씨에도 늦은 오후 시간에도 아랑곳하지 않고 길을 떠났다. 눈에 소의 다리가 푹푹 빠지니 걸어가는 것이 아니라 눈 속에서 헤엄쳐가는 형국이었지만 형수는 그래도 떠났다. 형수도 떠나고 안채에 죽어가는 아내만이 누워 있었다. 아내는 이제 물도 마시지 못했다. 노상추와 아버지가 아내 곁을 지켰다. 노상추가 쓰러져 흐느끼다가 옆을 보니 아버지는 두 눈을 감고 온몸에 힘을 주고 꼿꼿하게 앉아 계셨다. 커다란 바위가 되어서 아들을 지켜주고 싶다는 듯.

11월 28일 바람이 거세게 불기 시작했다. 그날 오후 아내는 거센 바람을 타고 세상을 떠났다. 형수를 모시고 갔던 하인과 윤이 아재가 저녁 무렵 집에 돌아와서 형수가 무사히 도착했다고 고했다. 장례식을 넉 달 만에 또다시 시작했다. 염을 하려고 보니 식구 중 아무도 장례 준비를 하고 있지 않았다는 것을 알았다. 수의가 없어 염습도 그다음 날에서야 했다. 운곡에서 판재를 구해왔고 율리에서 처남 손군선이 와서 곡을 했고 빈소를 차렸다. 장지는 어머님이 묻히신 곳 아래로 정했다. 12월 중순부터 묫자리 터의 나무와 풀을 베어냈다. 금정을 설치하고 구덩이를 파려 해도 땅이 돌처럼 얼어붙어 팔 수가 없었다. 별수 없이 동네 장정들을 불러 며칠 동안 도끼로 찍어 판 끝에 12월 20일에서야 겨우 아내를 묻을 수 있었다. 흙으로 덮긴 했지만 끝내 봉분을 완성하지 못했다. 노상추는 무슨 정신으로 장례를 치렀는지 기억이 없다. 옆에 사람들이 하라는 대로 아버지께서 하라는 대로 그냥 움직였다. 탄생의 기쁨과 죽음의 고통이 한꺼번에 휘몰아치던 그 해, 그 무서운 한 해가 그렇게 저물어갔다.

〈제1권 끝〉

맹렬 서생 노상추의
일기를 열어봅시다.

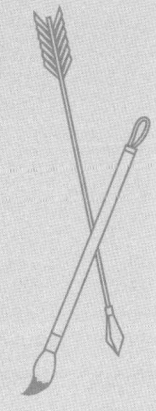

노상추 일기의 사료적 가치

노상추 일기는 18세기 후반에서 19세기 전반에 걸쳐 조선 사회의 생활, 풍속 등에 대해 상세하고 풍부하게 기록되어 있어 사료로서의 가치를 인정받아 현재 경상북도 유형문화재로 지정되어 있습니다. 일기는 당시 양반가 가문에서 벌어지는 다양한 일상, 향촌 사회의 모습, 중앙 및 지방 관료 조직 등에 대한 광범위한 정보를 담고 있어 많은 학자들의 연구 대상이 되고 있습니다.

노상추 일기 원본 [출처] 문화재청 국가문화유산포털

일 년 단위의 일기

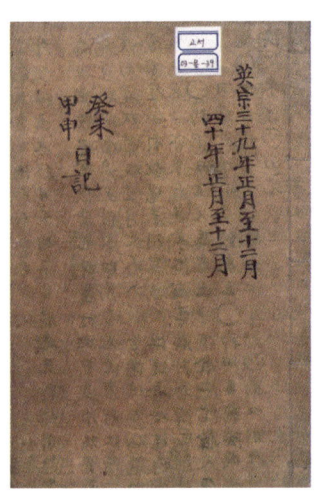

노상추는 수십 년에 걸친 일기를 일 년 단위로 관리했습니다. 한 해의 일기를 묶은 뒤에 표지에 "갑신 일기", "계묘 일기" 식으로 그 해의 간지를 써두었습니다. 옆의 책처럼 "계미-갑신 일기"로 해서 두 해를 하나로 묶은 적도 있고 '경신 일기 상', '경신 일기 하'로 한 해의 일기를 두 권으로 나눈 적도 있습니다.

계미-갑신 일기 표지 [출처] 국사편찬위원회

매해 월기로 시작

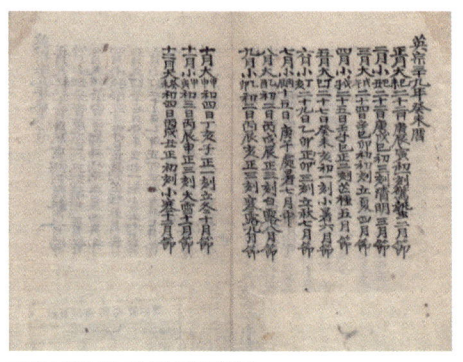
계미년 월기 [출처] 국사편찬위원회

노상추는 매해 나라에서 배포하는 달력을 받아 월별로 24절기를 적었습니다. 옆의 월기를 보면 영조 39년 계미력이라고 쓰고 정월 큰달 22일 경진 일이 경칩, 2월은 기축 일에 시작하여 22일 경술 일이 청명이라 적고 있습니다. 농사를 짓고 살던 시대에 절기는 파종, 추수 같은 농사일의 시기를 정하는 기준으로 농사를 관리 감독해야 하는 양반들에게 매우 중요했습니다.

날짜별 기록

매달 일기를 시작할 때는 연도와 월을 기록합니다. 날짜는 일기의 본문보다 앞에 시작하여 날짜별로 쉽게 찾을 수 있도록 했습니다. 날짜 다음에는 날씨를 기록했고 그다음에 일어났던 일을 기록했습니다. 그의 기록 중 가장 많은 것은 각종 경조사에 관한 것이고 자기 집에 찾아온 손님들, 친척들의 이름, 자기가 찾아간 사람들, 방문 목적 등입니다. 아버지가 살아계실 때는 아버지에 관한 이야기가 가장 많습니다. 그에 비해 아내, 어머니, 형수 같은 여성 가족에 관한 기록은 태어나거나 사망하는 경우가 아니면 거의 등장하지 않아 가부장적인 당시 선비의 시각을 보여주고 있습니다. 그의 일기는 자기 내면의 감정을 토로하기보다 큰 가족을 이끄는 가장으로서 집안을 경영하는 데 필요한 내용을 기록하고 있습니다.

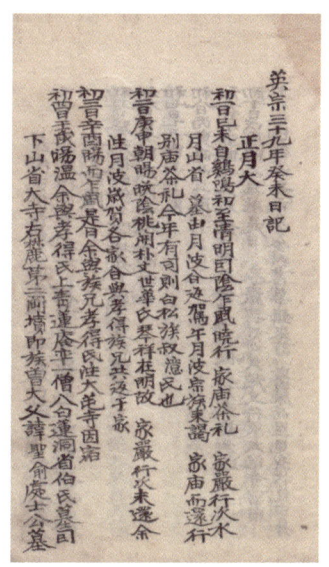

계미년 정월 일기 본문
[출처] 국사편찬위원회

참고 문헌

도서
국사편찬위원회 노상추 일기, 2017
국사편찬위원회 천민 예인의 삶과 예술의 궤적, 2007
국사편찬위원회 그림에게 물은 사대부의 생활과 풍류, 2007
국사편찬위원회 상장례, 삶과 죽음의 방정식, 2005
국사편찬위원회 한 해, 사계절에 담긴 우리 풍속, 2011
국사편찬위원회 유교적 사유와 삶의 변천, 2009
국사편찬위원회 농업과 농민, 천하대본의 길, 2009
국사편찬위원회 고문서에게 물은 조선시대 사람들의 삶, 2009
이두순   문틈으로 본 조선 농업과 사회상, 한국농촌경제연구원, 2018
문숙자   68년의 나날들, 조선의 일상사, 너머북스, 2009
김동석   조선시대 선비의 과거와 시권, 한국학중앙연구원출판부, 2021
정해은   조선의 무관과 양반사회, 역사산책, 2021
김학수 외 13 선비의 답안지, 한국학중앙연구원, 2018

논문
징해은   『선고일기(先考日記)』의 특징과 가치 - 노상추·노철 부자의 일기 쓰기 의미, 영남대 민족문화연구소, 2022
오항녕   조선 숙종대 실록의 수정 시도와 누설, 전주대, 2018
박현순   조선시대 과거수험서, 2008
전종한   조선 후기 읍성취락의 경관 요소와 경관 구성, 한국지역지리학회, 2015
양숙향-이혜경 조선후기 풍속화에 나타난 여성의 생활상과 복식문화, 한국지역사회생활과학회지, 2007
김성희   조선시대 여성의 가내외에서의 일상생활, 순천대학교, 2003

권복규	조선 전기 역병에 대한 민간의 대응, 서울대, 1999
황위주	'사부일과'를 통해 본 선비의 하루 일상, 퇴계학론집, 2014

웹사이트

스토리테마파크	https://story.ugyo.net/
한국사데이터베이스	https://db.history.go.kr/

표지그림

김홍도	벼타작 〈단원 풍속도첩〉 [출처] 국립중앙박물관
김홍도	논갈이 〈단원 풍속도첩〉 [출처] 국립중앙박물관
선산부 지도	[출처] 서울대학교 규장각한국학연구원
배경	[출처] gettyimagesbank

눈물 나는 맹렬서생 노상추의 과거 합격기

1판 1쇄 발행   2024년 1월 29일

지은이	김도희
발행인	김도희
발행처	JS&D
디자인·편집	(주)교육다움
표지 삽화	김보령
감수	노용순
주소	서울시 강남구 헌릉로 590길 63
전화	02-459-5090
팩스	02-459-5090
이메일	jsd@jsdcontents.com
출판등록	제2023-000329호

ⓒ 김도희, 2023
ISBN   979-11-985686-2-5 (제1권 청년 가장)
ISBN   979-11-985686-0-1 (세트)

이 도서는 저작권법에 따라 보호받는 저작물이므로 저작권자와 출판사의 동의 없이 무단 전재 및 복제를 금지합니다. / 복제하거나 다른 용도로 사용할 수 없습니다.